칼빈의
기독교강요 요약

John Calvin 원저
박해경 편저

아가페문화사

Summary of Calvin's Institutes

John Calvin
Edit. by
Hae-Kyung Park

1998
Agape Culture Publishing Company
Seoul, Korea

머리말

  기독교가 크게 오해되고 복음진리가 혼탁하게 되어 가는 우리시대에 칼빈의 기독교 강요는 밝은 빛을 비추어주는 등대와 같다. 아돌프 하르낙이 "기독교의 본질"이란 책을 내어 기독교복음이 "윤리" 차원으로 내려앉았고 이같은 기독교의 "도덕화 작업"은 근대와 현대신학의 공통적인 특징이 되었다. 쉴라이에르마허, 릿츌, 그리고 현대의 바르트에 이르기까지 기독교의 윤리적 사상화는 계속되어 왔다. "근대신학과 현대신학은 성질은 같으나 성격이 다르다"는 말은 지당한 것으로 보인다. 근대 이후의 자유주의 신학은 똑같은 오류를 범하여왔다. 바르트가 근대 자유주의를 극복했다는 생각은 부분적으로만 옳지 근본적으로는 그렇지 않다.
  한국교회가 칼빈주의를 좋아하지만 여전히 칼빈과 칼빈주의의 커다란 차이점을 분간하지 못하고 있다. 이 차이점을 알고나서 칼빈주의가 이룬 좋은 점을 합쳐서 연구해야 보다 성경적인 신학으로 발전될 것이다. 기독교강요는 성경이 무슨 책인지 알려주는 지침서이다. 말하자면 기독교가 무엇인지 본질적인 해답을 주고 있다. 목회자, 신학자, 평신도 할 것 없이 이 책을 통해서 근본적인 의미에서 "기독교 복음"이해가 정립될 수 있다. 교회의 모판은 신학이요, 신학의 기초는 칼빈 강요에서 수립될 수 있다고 믿는다. 기독교강요 요약이 여러 권 출판되었으나 이번에 편저자가

시도한 것은 될 수 있는대로 칼빈의 말을 그대로 옮겼고, 칼빈의 "복음" 이해에 맞추어 핵심 내용을 발췌하여 요약하였다. 이 책이 독자들에게 성경을 바로 깨닫고, "복음"을 옳게 이해하는데 기여하기를 바라는 마음으로 내어놓는다.

                    1998. 3. 편저자 박해경

칼빈의
기독교강요 요약

●

제I권
창조주 하나님에 관한 지식

제II권
그리스도 안에 나타난 구속자로서의 하나님에 대한 지식 :
처음에는 율법으로 조상들에게,
그 다음에는 복음으로 우리에게 계시되었다.

제III권
그리스도의 은혜를 받는 방법 :
그로부터 어떤 유익이 우리에게 오며
어떤 결과가 따르는가?

제IV권
교회 :
하나님께서 우리를 그리스도의 공동체로 초대하시며
그 안에 지켜주시는 외적인 은혜의 수단 또는 보조장치

차 례

제 I 권
창조주 하나님에 관한 지식

제 1 장 하나님에 대한 지식과 인간에 대한 지식은 상호 관련된
 다. 그러면 어떻게 두 지식이 서로 연관되는가? 14
제 2 장 하나님을 안다는 것은 무엇이며, 이 지식은 어떤 목적인
 가? 16
제 3 장 하나님에 관한 지식은 원래 인간의 마음속에 뿌리 박혀
 있었다. 19
제 4 장 이 지식은 부분적으로 무지, 부분적으로 악의에 의해 억
 압되거나 부패해진다. 21
제 5 장 하나님에 관한 지식은 우주 창조와 지속적인 통치에 의
 해 빛난다. 22
제 6 장 창조주 하나님을 알려하는 모든 사람에게 안내자와 교사
 로서 성경이 필요하다. 28
제 7 장 성경은 반드시 성령의 증거에 의해 확증되어야 한다. 그
 러면 그 권위는 성령의 증거에 의해 확립될 수 있다. 성
 경의 신빙성이 교회의 판단에 의존한다는 것은 사악한
 허위이다. 30
제 8 장 성경의 신빙성은 인간의 이성이 허용하는 한계에서도 충
 분히 증명된다. 31
제 9 장 성경을 떠나 직접계시로 뛰어드는 광신자들은 모든 경건
 의 원리를 깨뜨린다. 34
제 10 장 성경은 모든 미신을 바로 잡기 위해 모든 이교 신들을
 대적하여 참된 하나님만을 보여준다. 36
제 11 장 하나님을 가시적 형상으로 나타내는 것은 부당한 일이
 며 일반적으로 우상을 만드는 자는 누구나 참 하나님께
 반역하는 자이다. 37

제 12 장 하나님은 우상과 완전히 구별되시므로 하나님께만 완전한 존귀를 돌려 드려야 한다. 42
제 13 장 성경은 창조이래 하나님은 한 본체이시며 3위로 계심을 가르친다. 43
제 14 장 우주와 만물 창조에 있어서도 성경은 명백한 특징들로 참 하나님과 거짓 신들을 구별한다. 62
제 15 장 창조된 인간의 본성, 영혼의 기능, 하나님의 형상, 자유의지, 인간성의 원래적 고결성 70
제 16 장 하나님께서는 창조하신 세상을 권능으로 양육하시고 유지하시며, 세상의 모든 부분들을 자신의 섭리로써 다스리신다. 75
제 17 장 이 교리를 우리의 최대 유익을 위해 적용하는 법 ... 78
제 18 장 하나님께서는 불경한 자들의 활동을 사용하시고 그들의 마음을 굴복시켜 자신의 심판을 수행하시며 자신은 어떤 더러움으로부터도 순결하시다 80

제 II 권
그리스도 안에 나타난 구속자로서의 하나님에 대한 지식:
처음에는 율법으로 조상들에게,
그 다음에는 복음으로 우리에게 계시되었다.

제 1 장 원죄론: 아담의 타락과 반역으로 전 인류가 저주에 놓이게 되었고 그 원상태에서 부패하였다. 84
제 2 장 인간은 지금 선택의 자유를 박탈당하여 비참한 노예 상태에 있다. 86
제 3 장 인간의 부패한 성품에서 나오는 것은 오직 저주받은 것 뿐이다. 89
제 4 장 하나님은 인간의 마음속에서 어떻게 역사 하시는가?···90
제 5 장 자유의지를 변호하기 위한 통상적 논리들을 반박함

··· 92
제 6 장 타락한 인간은 그리스도 안에서 구속을 구해야만 한다.
  ··· 93
제 7 장 율법을 주신 목적은 구약 백성을 그것으로 얽매기 위한
  것이 아니라, 그리스도 안에서 오실 때까지 구원의 소망
  을 배양시키는데 있다. ································· 96
제 8 장 도덕률(십계명)에 대한 해설 ························· 99
제 9 장 그리스도는 비록 율법 하에서 유대인에게도 알려졌지만
  오직 복음 안에서만 상세하고 분명하게 계시되셨다.
  ··· 104
제 10 장 신구약의 유사점 ·· 106
제 11 장 신구약의 차이점 ·· 113
제 12 장 그리스도는 중보자의 직분을 이루시려고 인간이 되셔야
  했다. ··· 115
제 13장 그리스도께서는 인간 육신의 참 본성을 취하셨다.
  ··· 117
제 14 장 중보자의 두 본성이 한 품격을 이루는 방법 ········ 119
제 15 장 그리스도께서 성부의 보내심을 받은 목적과 그가 우리
  에게 부여해 주신 것을 알기 위하여 우리는 우선 선지
  자, 왕, 그리고 제사장 직분이라는 세 가지를 살펴보아야
  한다. ··· 121
제 16 장 그리스도께서 우리를 구원하시려고 구속주의 직분을 이
  루신 방법, 그리스도의 죽음, 부활 및 승천 ············ 126
제 17 장 그리스도께서 자신의 공로로 하나님의 은혜와 구원을
  우리에게 주셨다는 말은 합당하다. ····················· 134

제 III 권
그리스도의 은혜를 받는 방법:
그로부터 어떤 유익이 우리에게 오며 어떤 결과가 따르는가?

제 1 장 그리스도에 대한 말씀은 성령의 신비한 역사를 통해 우리에게 유익을 준다 ……………………………………… 138
제 2 장 믿음: 그 정의와 속성에 대한 설명 ………………… 141
제 3 장 믿음으로 말미암은 우리의 중생: 회개 …………… 152
제 4 장 스콜라 궤변가들의 회개론은 복음의 순수성과 얼마나 거리가 먼가: 고백과 보속설에 관한 논의 ……………… 156
제 5 장 보속에 첨가된 면죄부와 연옥 ………………………
제 6 장 그리스도인의 생활: 첫째로 성경은 어떤 논거로 우리에게 그것을 권하는가? …………………………………… 157
제 7 장 그리스도인의 생활의 핵심 : 자기부정 ……………… 158
제 8 장 십자가를 지는 것, 자기 부정의 한 부분 …………… 161
제 9 장 내세에 대한 명상 ………………………………………… 163
제 10 장 현세의 생활과 그 도움들을 사용하는 법 ………… 164
제 11 장 이신칭의: 용어와 문제에 대한 정의 ……………… 167
제 12 장 하나님의 거저 주시는 칭의를 굳게 확신하기 위하여 우리의 마음은 하나님의 심판대로 들리워 올려져야 한다. ……………………………………………………………… 168
제 13 장 값없이 주시는 칭의에 관하여 유의할 점 두 가지 사항 …………………………………………………………… 172
제 14 장 칭의의 시작과 그 지속적인 발전 …………………… 173
제 15 장 행위의 공로를 자랑하면 의를 주신 하나님께 대한 찬양과 구원의 확신을 파괴한다. ………………………… 174
제 16 장 이 교리를 증오하는 교황주의자들의 거짓된 비방에 대한 반박 ……………………………………………… 175
제 17 장 율법의 약속과 복음의 약속과의 일치 ……………… 176
제 18 장 행위의 의를 보상에서 추론하면 안된다. …………… 178
제 19 장 그리스도인의 자유 ……………………………………… 179
제 20 장 기도: 믿음의 가장 중요한 단련이며, 우리는 날마다 이것을 통하여 하나님의 은혜를 받는다. ……………… 181

제 21 장 영원한 선택: 하나님께서는 영원한 선택에 의해 어떤 사람을 구원에, 또 어떤 사람은 멸망에 처하도록 예정하셨다. 191
제 22 장 성경의 증거에 의한 이 교리의 확증 194
제 23 장 이 교리가 언제나 부당하게 받아왔던 거짓 비난에 대한 논박 195
제 24 장 선택은 하나님의 소명으로 확증되나 악인은 그들에게 예정된 공정한 멸망을 자초한다. 197
제 25 장 최후의 부활 199

제 IV 권
교회:
하나님께서 우리를 그리스도의 공동체로 초대하시며
그 안에 지켜주시는 외적인 은혜의 수단 또는 보조장치

제 1 장 참된 교회: 모든 경건한 자의 어머니인 이 교회와 연합해 있어야 한다. 206
제 2 장 거짓 교회와 참 교회와의 비교 211
제 3 장 교회의 교사들과 사역자: 그들의 선택과 직분 213
제 4 장 고대 교회의 상태, 교황제도 이전의 교회 정치 218
제 5 장 교황 제도의 폭정이 고대 교회의 정치 형태를 완전히 전복시켰다. 221
제 6 장 로마 교황청의 수위권 224
제 7 장 로마 교황권의 기원과 성장 225
제 8 장 신조에 대한 교회의 권위: 교황 제도하에서 교회가 어떻게 임의로 교리의 순수성을 완전히 부패시키게 되었는가 228
제 9 장 교회 회의들과 그 권위 230
제 10장 입법권: 교황은 이 권한으로 지지자들과 함께 영혼에

　　　　대해 가장 야만적인 폭정과 도살 행위를 자행하였다.
　　　　……………………………………………………………… 231
제 11 장 교회 재판권과 교황 제도에서의 남용 ……………… 233
제 12 장 교회의 권징: 주로 견책과 출교에 의해 행사됨 …… 235
제 13 장 맹세: 경솔하게 맹세함으로써 불행한 속박에 얽매이게
　　　　됨 ……………………………………………………… 237
제 14 장 성례 ……………………………………………………… 238
제 15 장 세례 ……………………………………………………… 243
제 16 장 유아세례는 그리스도께서 세우신 제도 및 표징의 본질
　　　　과 가장 잘 부합된다. ……………………………… 247
제 17 장 그리스도의 성만찬, 그것이 우리에게 주는 유익 …… 149
제 18 장 카톨릭의 미사: 성찬을 더럽히며 말살하는 신성모독행
　　　　위 ……………………………………………………… 257
제 19 장 다른 다섯 가지 의식들도 이제까지 성례로 간주하는 것
　　　　이 일반적이었지만 그것들이 성례라고 하는 것은 거짓이
　　　　다. 그것이 거짓인 이유와 그것들에 대한 진상 규명
　　　　……………………………………………………………… 258
제 20 장 국가통치 ………………………………………………… 264

제I권
창조주 하나님에 관한 지식

제 1 장
하나님에 대한 지식과 인간에 대한 지식은 상호 관련된다. 그러면 어떻게 두 지식이 서로 연관되는가?

1. 자기의 비참을 알지 못하고는 하나님을 알지 못한다.
 우리가 가지고 있는 지혜, 즉 참되고 건전한 지혜는 거의 대부분이 하나님에 대한 지식과 우리 자신에 대한 지식의 두 부분으로 되어 있다. 이 두 지식은 많은 끈으로 연결되어 있지만 어느 쪽이 먼저 다른 것을 낳는지를 식별하기는 쉽지 않다.
 첫 사람 아담의 범죄로 말미암아 깊이 빠지게 된 비참한 멸망 때문에 우리는 특히 우리의 눈을 하늘로 향하지 않을 수 없게 되었다. 그리하여 우리는 굶주리고 배고플 때에 부족한 것을 구할 뿐 아니라 두려움이 일어날 때 겸손을 배우게 된다. 왜냐하면 인간에게는 비참이라는 한 진실한 세계가 존재함으로써 우리는 하나님이 주신 의복을 빼앗기고, 우리의 수치스러운 벌거벗음의 수많은 추행을 노출시킨다. 그리하여 우리들 각자의 불행에 대한 다소간의 지식이라도 얻지 않을 수 없게 된다. 우리의 무지, 공허, 궁핍, 무력(無力), 더욱더 타락과 부패를 느끼게 됨으로써 우리는 지혜의 참된 빛, 건전한 덕, 풍성한 선, 의의 순결함이 오직 주안에 있다는 것을 자각하게 된다. 따라서 우리는 우리 자신의 죄악에 의해 하나님의 선하심을 생각하게 된다. 그럼으로 우리는 우리 자신에 대한 불만을 느끼게 될 때 비로소 하나님을 진정으로 갈망할 수 있게 된다.

2. 하나님을 알지 못하고는 자신을 알지 못한다.

 한편 인간은 먼저 하나님의 얼굴을 바라보고 나서 그분에 대한 명상으로부터 자기 자신을 검토하지 않는 한 명백한 자기 자신의 참된 지식을 얻을 수 없다는 것은 확실한 일이다.

 더욱이 우리가 자신만을 바라보고 하나님을 보지 못하는 한 그와같은 자기 죄에 대한 확신을 가질 수가 없다. 왜냐하면 하나님만이 이 판단을 심사할 수 있는 유일한 표준이기 때문이다. 왜냐하면 우리는 나면서부터 모두 위선에 치우치게 되어 있으므로 참된 의(義) 자체를 대신하는 의의 어떠한 텅 빈 외관일지라도 우리를 충분히 만족시켜 줄 수가 있기 때문이다. 그리고 우리 안에나 우리 주위에 있는 것들 가운데 극히 부도덕한 죄에 물들지 않은 것 같이 보이는 것은 하나도 없기 때문에 우리의 정신이 인간 부패의 범위에 제한시키고 있는 한 조금이라도 덜 더러운 것은 마치 그것이 가장 순결한 것처럼 우리를 즐겁게 할 수 있다.

 그러나 우리가 일단 생각을 하나님께 올려 생각하기 시작하고 그가 어떤 존재인가를 생각하며 그분의 의와 지혜와 능력이 얼마나 완전한가를 생각해 보자. 그분은 우리가 바라보고 닮아가야 할 모범이다. 그러면 전에 의라는 가면을 쓰고 우리 안에서 즐거워하던 것이 곧 가장 사악하고 추한 것으로 변할 것이다. 또 지혜라는 이름으로 우리를 그렇게 감동시켰던 것이 가장 어리석은 것으로써 역겨워 질 것이다. 능력의 모습을 띠었던 것은 스스로 가장 비참하게도 무력하다는 것을 보여줄 것이다. 이와같이 우리에게 가장 완전한 것처럼 보이는 것들도 하나님의 순결에 비하면 불완전한 것이다.

3. 하나님의 위엄 앞에서의 인간

성경이 보편적으로, 성도들이 하나님의 임재를 느낄 때마다 언제나 충격을 받고 압도당했던 것으로 묘사하고 있는 그 두려움과 놀람은 바로 여기서부터 온 것이다. 그래서 우리는 인간이 하나님의 임재(臨在)를 모를 때는 굳건히 그리고 꿋꿋하게 서 있지만 하나님의 영광이 나타나면 죽음의 공포에 의해 전율하고 경악하여 비참해지는 것을 볼 수 있다. 사실 그들은 하나님의 영광에 압도되어 혼비백산이 된다. 결국 인간들은 하나님의 위엄과 자신들을 비교해 보기 전에는 결코 자신의 비천(卑賤)함을 자각(自覺)하고 깊이 감동되지 않는다는 사실을 알 수 있다.

하나님에 대한 지식과 자신에 대한 지식이 이와 같이 밀접하게 연관되어 있으나 올바른 가르침의 순서는 전자를 먼저 논하고 다음 후자를 논하는 것이라 하겠다.

제 2 장
하나님을 안다는 것은 무엇이며, 이 지식은 어떤 목적인가?

1. 하나님에 대한 지식을 위해서는 경건이 필수적이다.

내가 이해하고 있는 바로는, 하나님에 대한 지식은 우리로 하여금 단지 하나님이 있다는 것을 느끼게 할뿐만 아니라 동시에 우리에게 무엇이 적합하며 무엇이 하나님의 영광에 합당한 것인지, 또한 그를 앎으로써 우리에게 어떤 도움이 있는가를 이해하게 하는 것이다. 사실상 종교나 경건이 없는 곳에서 하나님을 알 수 있다고는 말할 수 없기 때문이다.
 성경의 전체적인 교리가 가르치는 것처럼 먼저 하나님은 우주의 창조에 있어서 자신을 단순히 창조주로서 나타내신다. 그리고 나서 그리스도의 얼굴 안에서(고후 4:6), 자신을 구세주로 나타내신다. 하나님에 대한 결론적인 두 측면 가운데 이제 우리는 첫 번째 측면을 먼저 논하고 나서 순서에 따라 그 다음 것을 논하기로 하자.
 우리의 마음이 하나님을 경외하지 않고는 그를 이해할 수 없지만 그가 모든 선의 원인이며, 우리가 오직 그에게서만 모든 것을 구해야 한다는 것을 깨닫지 못한다면 모든 사람이 경외와 찬양을 드려야 할 한 하나님이 계시다는 것을 아는 것만으로는 충분하지 못할 것이다.
 그러므로 우리는 이 모든 것들을 그에게서 바라고 구하여 일단 받은 것에 대해서는 그에게 감사하는 것을 배워야 할 것이다. 왜냐하면 하나님의 권능에 대한 의식은 우리에게 적절한 경건의 교사가 되며 종교를 낳게 하는 것이기 때문이다. 나는 하나님의 은혜를 우리가 깨달음으로써 생기는 하나님에 대한 사랑에 존경이 결합된 것이 "경건"이라고 본다.

2. 하나님에 대한 지식은 신뢰와 경외를 포함한다.

 하나님에 대한 지식은 우리에게 하나님에 대한 두려움과 경외를 가르쳐 줄 것이다. 그리고 다음으로 우리는 그 지식을 우리의 안내자요 교사로 삼고 모든 좋은 것을 그에게 구하고 그것을 받은 다음에는 그것을 그의 은혜로 여기는 것을 배워야 할 것이다.
 왜냐하면 신앙심이 깊은 사람은 자기 스스로 임의의 신(神)을 꿈꾸지 않고 유일하신 참 하나님 한 분만을 바라본다. 또 신앙심 깊은 사람은 하나님에 대해 자기 좋을 대로 생각을 덧붙이지 않고 하나님이 계시하는 대로의 하나님의 모습에 만족한다.

 신앙심이 깊은 사람은 하나님이 모든 것을 다스리신다는 것을 알기 때문에 하나님을 인식할 수 있고, 하나님이 자기의 길잡이이며 지켜 주시는 자임을 확신하고 자신을 온전히 바쳐 하나님을 믿는다. 또한 하나님이 모든 선의 근원이심을 알고 있으므로 어떠한 어려움이나 어떠한 궁핍함이 있을지라도 즉시 그의 보호를 믿고 그로부터 오는 도움을 기다린다. 또 신앙심이 깊은 사람은 하나님이 선하고 자비로우시다는 것을 굳은 신념을 가지고 믿고 있기 때문에 어떤 어려움 가운데서도 항상 하나님의 자애로우신 구제책이 준비되어 있다는 것을 의심하지 않는다. 신앙심 깊은 사람은 하나님을 주(主)와 아버지로 믿고 모든 일에 있어서의 하나님의 권위를 인정하고 그의 위엄을 존귀히 여기고 그의 영광을 더욱 빛내며 그의 계명을 준수하는 것이 마땅하고 바른 일이라고 생각한다. 또한 그러한 사람은 하나님이 정의로우신 심판관이며 죄악을 벌주기 위해 엄격함으로 무장하고 계시다는 것을 알고 있기 때문에 항상 하나님의 심판석을 눈앞에 보는 것처럼 두려움으로 자신을 삼가 하나님이 노를 격발시키지 않도록 처신한다.

 경건한 사람이 스스로 죄를 피하는 것은 형벌의 두려움 때문만은 아니고 그가 하나님을 아버지로서 사랑하고 경외하며 하나님을 주(主)로서 예배하며 찬양하기 때문이다. 비록 지옥이 없다 하더라도 하나님을 거역한다는 것은 생각만해도 몸서리쳐진다.

 실로 이것이 순수하고 참된 종교이다. 신앙이 하나님에 대한 진지한 두려움과 결합되어1) 이 두려움이 자발적인 경외를 일으키고 율법에 명시된 대로의 합법적인 예배를 하게 한다. 여기서 더 주의깊게 주목해야 할 사실은 모든 사람들이 다 대충 건성으로 하나님을 숭배하고 있으며 극소수만이 진정으로 그를 경외하고 있다는 것이다. 의식(儀式)에 있어서는 아무리 외관상 화려하고 거창하다 하더라도 진정한 건전함을 실로 찾아보기가 힘들다.

제 3 장
 하나님에 관한 지식은 원래 인간의 마음속에 뿌리박혀 있었다.

1. 이 선천적 지식의 특성.
 인간의 마음 가운데는 타고난 본능에 의해 하나님에 대한 지각이 있다는 것이 확실하다.2)
 인간은 누구나 한 사람도 빠짐없이 한 분이신 하나님이 계시며 그가 그들의 창조자임을 깨닫고 있기 때문에 하나님을 경배하지 않거나 그들의 생명을 그의 뜻에 따라 바치지 않으면 그들 스스

---

1) 두려움과 결합된 신앙에 대해서는 Melanchthon의 「Loci Communes of Philip Melanchthon」 pp.221ff.
2) "Divinitatis sensum." 이 말과 「종교의 씨앗」(seed of religion)란 말은 곧이어 1권 4장에도 사용되었는데, 일반적으로 하나님에 대한 신성한 인식을 말하는데 하나님에 대한 도덕적인 반응인 양심과 밀접한 관계를 갖고 있다(참조, I. I. 3, 요 1:5,9 강해). 칼빈은 요1:5에 대해서 「부패한 성품에 아직 남아있는 빛에는 두 주요 부분이 있다. 첫째는 모든 사람에게 종교의 씨앗이 심어져 있다는 것이요, 둘째는 그들의 양심 가운데 선과 악을 분간하는 능력이 새겨져 있다」고 했다.

로의 증거에 의해 정죄를 받는다.

 어떤 유명한 이교도가 말한 것처럼 아무리 야만스런 민족이거나 또 아무리 미개한 사람들이라 할지라도 그들의 마음 깊은 곳에 하나님은 있다는 신념을 가지고 있다.

 실제로 우상숭배까지도 이 개념의 충분한 증거가 된다.

2. 종교는 임의로 창조해 낸 것이 아니다.

 미개한 백성들을 종교를 가장하여 교활하게 속인 자들에게 하나님에 대한 지식이 전혀 없다는 것은 믿을 수 없다.

 칼리굴라(G. Caligula)처럼 하나님에 대항하여 대담하게 또 자기 멋대로 모욕적인 언사를 한 사람은 없었을 것이다. 그러나 하나님의 진노가 나타나리라는 어떠한 징조라도 나타나기만 하면 그보다 더 가련하게 떠는 자도 없었다. 그는 공공연히 무시해버린 하나님 앞에서 내키지는 않지만 두려움으로 전율했다. 오늘날에도 그와 비슷한 부류의 사람들에게서 이러한 일이 자주 일어나고 있음을 볼 수 있다. 가장 대담하게 하나님을 경멸한 사람이 떨어지는 나뭇잎의 바스락거리는 소리에 제일 크게 놀랜다(참조, 레 26:36).

3. 실제적인 불신앙은 불가능하다.

 나는 여기서 키케로(Cicero)가 말한 것처럼 오류(誤謬)는 시간이 흐름에 따라 사라지며 종교심은 날마다 성장하고 향상한다고 말하지는 않는다. 왜냐하면 세상은(잠시 후 이에 대해 언급해야 하겠지만) 하나님에 대한 모든 지식을 가능한 한 쫓아 버리려 하고 모든 수단을 동원하여 하나님을 예배하는 것을 파괴해 버리려고 노력하고 있기 때문이다.

　모든 사람이 태어나서 하나님을 알기 위한 목적을 가지고 살아가는데 하나님에 대한 지식이 이 정도까지 이르지 못하여 견고하지 않고 덧없어진다면 모든 생각과 행위를 이 목적을 향해 방향 지우지 않는 사람은 누구나 창조의 법칙에서 이탈하고 있다는 것이 명백하다. 철학자들도 이 사실을 알지 못했던 것은 아니다. 플라톤이 영혼의 지고선(至高善)은 하나님을 닮는 것이라고 가르쳤을 때 바로 이것을 의미했던 것이다. 영혼이 하나님에 대한 지식을 완전히 이해하게 될 때 하나님의 모습으로 전적으로 변화하는 것이다.

제 4 장
　이 지식은 부분적으로 무지, 부분적으로 악의에 의해 억압되거나 부패해진다

1. 미신
　경험이 입증하는 바와 같이 하나님은 종교의 씨앗을 모든 사람의 마음속에 심어 놓았다. 그러나 그것을 마음속에 간직하는 사람은 백에 하나도 찾아보기 어렵고 또 그것을 잘 성숙시켜서 때가 되어 열매를 맺게 하는 사람은 하나도 없다(참조, 시 1:3). 더욱이 어떤 사람들은 그들의 미신에 빠져있고 또 다른 사람들은 고의로 악의를 품고 하나님으로부터 떠나 있지만 그들은 모두 하

나님에 대한 진정한 지식으로부터 이탈한 것이다. 그리하여 이 세상에는 진정한 경건은 조금도 남아있지 않게 되었다.

2. 하나님에 대한 의식적인 반항.

"어리석은 자는 그 마음에 이르기를 하나님이 없다 하도다"(시 14:1, 53:1)라고 한 다윗의 말은 조금 후에도 다시 나오겠지만 주로 선천적인 빛을 꺼버리고 고의적으로 자기 자신을 어리석은 자로 만들고 있는 자들에게 국한된 말이다.

그러나 어떠한 공포로도 그들이 하나님을 대항하여 맹렬히 공격하는 것을 막을 수는 없기 때문에 그들이 그런 맹목적인 충동에 사로잡혀 있는 이상 그들이 분명히 짐승처럼 하나님을 잊어버리고 살아갈 것이다.

제 5 장

하나님에 관한 지식은 우주 창조와 지속적인 통치에 의해 빛난다.

1. 하나님의 명백한 자기 현현은 모든 변명을 불식시킨다.

축복된 삶의 궁극적인 목적은 하나님을 아는 데 있다(참조, 요 17:3). 그러므로 이 축복에서 누구도 제외되지 않게 하기 위하여 하나님은 우리가 이제까지 본 바와 같이 인간의 마음속에 종교의 씨앗을 심어주셨을 뿐 아니라 우주의 전창조를 통하여 그의 솜씨를 보여주심으로써 자신을 계시하셨고 매일 매일 드러내시고 계신다. 그 결과 인간은 눈만 뜨면 하나님을 보지 않을 수 없다.

히브리서 기자가 이 세계를 "보이지 않는 것들의 실상"(히 11:3)이라고 격조 높게 부른 이유는 이 우주의 뛰어난 질서가 우리는 볼 수 없는 하나님을 우리로 하여금 명상할 수 있게 해주는 일종의 거울이 되기 때문이다.

2. 하나님의 지혜는 모든 사람들이 볼 수 있도록 제시되었다.

하나님의 놀라우신 지혜를 선포하는 수많은 증거가 하늘과 땅에 무수히 있는데 이는 비단 천문학, 의학, 자연과학 등이 보다 세밀한 관찰을 하고자 하는 문제들일 뿐 아니라 제일 학식이 없고 무지한 사람들까지도 눈만 뜨면 보지 않을 수 없는 확실한 증거이다

이는 인체의 구조에 있어서도 마찬가지이다. 신체 각 부분의 관절, 균형, 아름다움, 효용 등을 정확히 조사하기 위해서는 갈렌(Gallen)의 해부학적 기술과 같은 예리함이 있어야만 한다. 그러나 그 인체 자체가 너무나 오묘하게 구성되어 있어서 그것의 고안자는 마땅히 기적을 낳는 기술자로 인정되지 않을 수 없다.

3. 인간은 하나님의 지혜를 가장 잘 입증하는 존재이다.

오래 전에 어떤 철학자들은 인간을 하나의 소우주라고 적절히 말했는데 그것은 인간이 하나님의 권능, 자비, 지혜를 설명해주는 드문 표본이고 또 그 속에 우리가 관심을 집중하는 것을 등한히 하지 않는 한 우리 정신을 사로잡을 만한 경이로움이 얼마든지 들어 있기 때문이다.

4. 그러나 인간은 배은망덕하게 하나님을 배반한다.

 오늘날에도 이 땅에는 하나님의 이름을 파괴하기 위해 인간의 천성 속에 널리 뿌려져 있는 신성(神性)의 씨앗을 그릇되게 지시하는 일을 망설이지 않는 괴물과 같은 영혼들이 많이 있다. 인간들이 그들의 육신과 영혼에서 수백번 되풀이 해 하나님을 발견하고 있으면서도 이 탁월성을 도리어 하나님이 계시다는 사실을 부인하기 위한 구실로 삼고 있으니 이들의 광란이 어찌 혐오스럽지 않을 것인가?

5. 창조주와 피조물의 혼동

 그러나 나는 여기서 그런 돼지 떼와 같은 것에는 관심이 없고 오히려 괴이한 논리에 빠져 영혼의 불멸을 부정하고 하나님으로부터 모든 권리를 박탈하는 아리스토텔레스의 냉소적인 말에 기울어져 기꺼이 받아들이는 자들을 비난한다.
 인간도 하나님이 부여해 준 판단력으로 옳고 그름을 구별하는데 하늘에 심판자가 없을 수 있겠는가?

7. 하나님의 통치와 심판.

 하나님은 인간 사회를 다스리심에 있어서 그의 섭리를 조절하여 만인에게 무수한 방법으로 인자와 은혜를 보이시지만 명백한 매일 매일의 계시를 통해 의인에게는 관대하시고 악하고 죄있는 자에게는 엄하심을 나타내신다.
 하나님이 사악한 행동에 대해 형벌로 갚으신다는 사실은 의심할 여지가 없다. 또한 선한 자들에게 그들의 생활을 축복으로 번영시켜 주고 궁핍에서 구해주고, 그들의 아픔을 위로하고 경감시켜

주며, 불행을 완화시켜 줌으로써 하나님은 무죄한 사람의 보호자이며 변호사임을 명백하게 보여 주신다.

8. 하나님의 권능은 인간의 생활을 지배한다.

대부분의 사람들은 그들 자신의 오신(誤信)에 빠져 이와 같이 휘황찬란한 극장 속에서도 눈이 멀어 버렸으므로 시편 기자는 이러한 하나님의 역사를 현명하게 평가하는 것은 희귀하고 독특한 지혜로써만이 가능하다고 부르짖었다(43절). 하나님의 사역을 보는데 있어서는 다른 면을 보는 시각이 아무리 정확한 사람이라 할지라도 아무런 도움이 안된다. 사실 하나님의 영광이 아무리 찬란하게 빛날지라도 이것을 진정으로 알아보는 사람은 백에 하나도 안된다.

간단히 말해, 하나님께서 최선의 방법으로 다스리시지 않는 것은 그 어느 것도 없다는 것이다.

9. 우리는 하나님에 관해서 생각하려고 머리를 짜낼 것이 아니라 하나님의 사역을 보고 명상해야 한다.

더욱 주의해야 할 점은 우리가 하나님을 알 수 있도록 부름을 받았고, 그 지식은 단순히 머리만 스치고 지나가는 공허한 사색에 만족하는 따위가 아니고, 우리가 바르게 파악하고 그것이 우리 속에 뿌리를 내리면 반드시 건전하고 풍성한 열매를 맺는 것이라는 사실이다. 하나님은 우리가 우리 속에서 그 힘을 느끼고 그 은혜 누릴 수 있는 그의 권능에 의해 하나님 자신을 나타내신다.

따라서 하나님을 찾는 가장 완전한 길이며, 가장 적절한 순서는 하나님의 본질을 대담한 호기심으로 파헤쳐서 조사하려고 시도하는 것이 아니라, 즉 지나치게 꼬치꼬치 탐구하기보다는 하나님을 경배하고, 하나님이 자신을 우리에게 가까이 접근시켜주며 친근하게 해주고 친히 자신을 밝히시는 그의 사역 가운데서 명상해야 하는 것이다.

그러므로 우리도 하나님에 대한 이 특별한 탐구를 추구할 때 우리의 감정을 깊이 감동시킴과 동시에 우리의 지성도 경이로움에 깊이 빠져야 한다.

10. 하나님에 대한 지식의 목적

이와 같은 지식은 하나님을 경배하고자 하는 충동을 일으킬 뿐 아니라 내세의 삶에 대한 소망을 일깨우고 고무할 것이다. 왜냐하면, 하나님께서 그의 자비하심과 엄하심을 보여주신 실례들은 시작에 불과한 것들이고 불완전한 것임을 알기 때문에 우리는 의심없이 이것이 보다 큰 것에 대한 서곡에 지나지 않으며 그것의 완전히 드러남은 내세로 미루어졌다는 것을 생각해야만 한다.

11. 창조에 나타난 하나님에 대한 증거도 우리에게 소용이 없다.

하나님께서 사역이라는 거울 속에 자신과 그의 영원한 나라를 아무리 명백하게 나타내셔도 우리가 그렇게 명백한 증거들을 보고도 점점 둔감해지고 그것들을 통해서도 아무런 유익을 얻지 못하는 것은 우리의 어리석음 때문이다.

우리는 성급하게 하나님에 대해서 경솔히 이해하고 나서 우리의 육에 대한 악한 망상에 다시 빠져 우리의 허영에 의해 하나님의 순수한 진리를 부패시킨다.

12. 하나님의 계시는 인간의 미신과 철학자들의 오류로 가리워진다.

각 사람의 마음은 미궁과 같아서 각 민족이 여러 가지 허위에 빠져 있을 뿐 아니라 사람들 개개인도 대부분 자신의 하나님을 가지고 있다는 것은 조금도 놀라운 일이 아니다. 무지와 흑암에 무모와 천박이 더해져서 하나님대신에 어떤 우상이나 환상을 지어내지 않는 사람은 거의 하나도 없다.

인간의 마음으로부터 무진장의 신들이 쏟아져 나온다. 그러나 여기서 세계에 널리 있는 미신들의 목록을 작성할 필요는 없다. 왜냐하면, 그것은 끝이 없기 때문이다.

그러나 철학자들 가운데 이성과 학문을 가지고 하늘을 침입하고자 노력하는 자들이 있다니 이 이율배반이 얼마나 수치스러운가!

그러므로 인간의 본성으로만 가르침을 받으면 이 문제에 대해 확실하고 견고하고 분명한 어떤 이해도 얻을 수 없고 오히려 혼란한 여러 원리에 묶여서 마침내 알지 못하는 신(참조, 행17:23)을 숭배하게 되는 것 같다.

13. 성령은 인간이 지어낸 일체의 이교 제사를 거부한다.

성령은 누구든지 마음에 눈이 멀어 하나님의 자리에 귀신을 대신 모시는 자들은 모두 배교자라고 선언했기 때문에(참조, 고전 10:20), 바울은 에베소인들이 복음으로부터 참 하나님을 예배하는 것이 무엇인가를 배우기 전 까지는 하나님 없는 자들이었다고 말한 것이다(엡 2:12-13).

저들은 헛된 오류에 의해 기만을 당했다는 말이다. 간단히 말해,

모든 사람들이 다 어리석은 부도덕을 경험하거나 공공연한 우상숭배에 빠지지는 않았으나 인간 공통의 이해에 근거한 것일 뿐 순수하고 인정받을 만한 종교는 하나도 없었다는 것이다.

그러므로 성령께서 인간의 의지로 고안해 낸 제사는 무엇이든 타락한 것으로 여기고 거부했다는 사실은 조금도 이상한 일이 아니다.

"알지 못하는 신"(참조, 행 17:23)을 우연히라도 예배한다는 것은 결코 가벼운 죄가 아니다.

제 6 장
창조주 하나님을 알려하는 모든 사람에게 안내자와 교사로서 성경이 필요하다.

1. 하나님은 우리에게 성경을 통해서만 자신에 대한 실제적인 지식을 알려 주신다.

하나님께서는 모든 인류가 동일한 죄의식을 갖게 하기 위해 피조물들 가운데 자신의 임재(臨在)를 예외없이 나타내 보이신다. 그러나 우리를 우주의 창조 주 하나님 앞으로 정확하게 인도할 수 있는 다른 더 훌륭한 조력자(助力者)가 필요하다. 그러므로 하나님께서 구원으로 이르게 하는 그의 말씀의 빛을 더하여 주신 것은 무익하지 않다.

성경은 우리 마음속에 하나님에 대한 지식을 모아주고 우리들의 어리석음을 제하여 주어 참 하나님을 분명히 보여준다. 그러므로 하나님께서 교회를 가르치시기 위하여 무언(無言)의 교사들만을 사용하시지 않고 신성 불가침한 자신의 입을 열어 친히 말씀하시는 것은 하나님의 특별한 은사이다.

　사망으로부터 생명으로 옮기기 위하여는 하나님을 창조주로서 뿐 아니라 구속주로까지 알지 않으면 안 된다. 그리고 확실히 하나님의 말씀을 통해서 이 두 가지 지식에 도달할 수 있다. 순서상으로는 하나님은 세상을 창조하시고 다스리시는 분으로 알게 해주는 지식이 먼저 온다. 그리고 다음에 그것만이 죽은 영혼들이 살 수 있는 더 친밀한 영적 지식이 더해진다.

2. 하나님의 말씀으로서의 성경

　하나님께서 우리 선조 족장들에게 신탁과 환상이나 혹은 인간의 사역이나 봉사를 통하여 그들이 후손들에게 유산으로 물려줘야 할 무엇인가를 그들의 마음속에 심어 주셨다. 그리하여 그 가르침에 대한 굳건한 확실성을 그들의 마음속에 심어 주셨다. 그리하여 그 가르침에 대한 굳건한 확실성이 그들의 마음속에 새겨져서 그들이 배운 것이 하나님으로부터 왔다는 사실을 확신하고 이해하게 되었다. 왜냐하면 하나님은 언제나 자신의 말씀을 통해 명백한 신앙과 모든 인간적인 의견을 훨씬 능가하는 신앙을 주셨기 때문이다.

　그것은 하나님과 인간과의 화목의 길을 가르치기 위해 특별히 모세와 선지자들에게 위탁되었다.

　그러므로 참된 신앙이 우리에게 비취기 위하여는 우리는 하늘나라의 교훈으로부터 시작해야 될 것이요, 누구든지 성경의 제자가 되지 않고서는 바르고 건전한 교리를 조금도 맛 볼 수 없다는 것을 알아야 한다.

3. 성경을 떠나면 우리는 모두 오류에 빠지게 된다.

우리는 망각으로 인해 멸망하거나 오류로 인해 사라지거나 인간들의 방자함에 의해 부패되지 않게 하기 위해 이와 같이 하늘의 교리를 증거하는 문서가 얼마나 필요한가를 이해할 수 있을 것이다.

제 7 장

성경은 반드시 성령의 증거에 의해 확증되어야 한다. 그러면 권위는 성령의 증거에 의해 확립될 수 있다. 성경의 신빙성이 교회의 판단에 의존한다는 것은 사악한 허위이다.

1. 성경의 권위는 하나님으로부터 오는 것이지 교회에서 오는 것이 아니다.

성경은 신자들이 하나님의 살아있는 말씀을 친히 듣는 것과 같이 그것을 하늘로부터 내려왔다고 믿을 때에만 비로소 완전한 권위를 얻게 된다.

영생에 대한 모든 약속이 단지 인간의 판단에 달려 있다면 그것을 추구하고 있는 비참한 양심은 어떻게 될 것인가?

2. 교회는 성경의 기반 위에 서 있다.

교회가 사도들과 선지자들의 교훈의 터 위에 세워졌다면 이것은 틀림없이 교회가 존재하기 전에 말씀이 권위를 가지고 있었다는 뜻이다.

그리스도의 교회가 처음부터 예언자의 글과 사도들의 설교에 의해 설립되었다고 한다면 교리가 어디에 있든 간에 교회가 있기 전에 분명히 그것의 승인이 선행되어야만 한다. 이것을 승인하지 않고는 교회가 절대로 존립할 수가 없었을 것이다. 그러므로 성경을 해석하는 결정권이 교회에 있다고 하여 성경의 확실성까지도 교회의 승인에 달려 있다고 가정하는 것은 전혀 쓸모없는 일이다.

4. 성령의 증거는 가장 확실한 증거이다.

내가 바로 앞에서 말한 것 즉, 우리가 하나님이 바로 성경의 저자라는 사실을 의심없이 확신할 때까지는 성경의 교리에 대한 신앙을 정립할 수가 없음을 반드시 기억해야 한다. 이와 같이 성경의 최고의 증거는 일반적으로 하나님이 친히 그 속에서 말씀하신다는 사실로부터 이끌어 내야 한다.

불확실한 의혹과 동요의 소용돌이 속으로 휘말려 들어가지 않고 지극히 작은 말장난에도 걸려 넘어지지 않으려면 우리는 이성이나 판단이나 억측, 따위보다 높은 차원에 있는 신념을 추구해야 한다. 그것은 바로 성령의 은밀한 증거 속에 있는 것이다.

성경의 가르침은 하늘로부터 온 것임이 명백해진다.

나는 성령의 증거는 논리보다 우월하다고 답변한다. 왜냐하면, 하나님 자신만이 하신 말씀에 대한 적절한 증인이 될 수 있는 것과 마찬가지로 하나님의 말씀은 성령의 내적 증거에 의하여 인쳐지기 전에는 인간들의 마음속에 받아들여질 수 없기 때문이다.

5. 성경은 자체의 보증을 지니고 있다.

성경은 스스로에 의해 보증을 받고 있으므로 증명이나 논리에 종속될 것이 아니다.

그러므로 성령의 능력으로 조명을 받을 때 우리는 더 이상 성경이 하나님으로부터 온 것이라는 것을 자기 자신이나 다른 사람들의 판단을 믿지 않고 인간적인 판단을 초월하여 마치 하나님의 위엄을 보고 있는 것처럼 성경이 하나님의 입으로부터 나와 인간들의 사역을 통해 우리에게 흘러 들어온다는 것을 확실히 받아들이게 된다.

우리들 인간을 훨씬 초월하는 어떤 것에 우리의 판단과 지혜를 전적으로 복종시키는 것이다.

성경 속에 하나님의 위엄이라는 확실한 능력이 살아서 호흡하고 있다는 것을 느끼는 것이다. 이 힘에 의해서 우리는 의식적으로 또 자발적으로 이끌리고 자극되어 어떤 인간의 의지나 지식에 의한 것 보다 더 생생하고 효과적으로 하나님께 순종하게 된다.

제 8 장

성경의 신빙성은 인간의 이성이 허용하는 한계에서도 충분히 증명된다.

1. 성경은 인간의 모든 지혜를 초월한다.

우리가 보다 면밀히 연구하여 성경 가운데 담겨있는 하나님의 지혜의 경륜이 실로 훌륭한 질서를 이루어 자리 잡고 있으며, 모든 부분이 서로 서로 아름다운 조화를 이루고 있고, 또한 이 책의 저작을 위하여 권위를 획득할만한 그 외의 자질들을 풍부히 가지고 있다는 것을 숙고한다면 놀라운 확신이 생기게 될 것이다. 그러나 우리가 성경 언어의 우아함보다는 그 주제의 위대함 때문에 성경에 대한 찬탄에 사로잡히게 된다는 것을 생각할 때 우리의 마음은 더 한층 확고부동한 기반 위에 서게 될 것이다. 왜냐하면, 하늘 나라의 숭고한 비밀들이 대부분 소박하고 겸손한 말들로 표현되었다는 것은 하나님의 특별한 섭리가 아니고서는 되지 않기 때문이다.

그리하여 인간이 얻을 수 있는 모든 재능과 미덕들을 훨씬 능가하는 성경에는 하나님의 숨결이 깃들어 있다는 것을 쉽사리 알 수 있을 것이다.

2. 문체보다는 내용이 결정적이다.

부드럽고 유쾌한 어조로 흐르는 다윗이나 이사야 그리고 같은 부류에 속하는 다른 사람들의 글을 읽을 때나 순박한 느낌이 드는 거친 문체를 구사하는 목자 아모스, 예레미야, 스가랴 등의 글을 읽어보면 앞에서 말한 성령의 존엄성이 도처에 분명하게 나타날 것이다.

선지자들을 한 사람 한 사람 살펴보라. 어느 누구도 인간의 척도를 훨씬 능가하지 않는 사람은 없을 것이다.

11. 신약 성경의 단순성, 천상적 특성 및 권위

세 복음서 기자들은 낮고 비천한 문체로 그들의 역사를 기록하였다. 그래서 많은 교만한 자들은 이 단순성을 경멸한다. 저들은 교리의 주요점에 대해서는 주의하지 않기 때문이다. 그러나 여기에 주의만 기울인다면 이들 복음서 기자들이 인간의 능력을 넘어 하늘의 비밀을 다루고 있다는 사실을 쉽게 식별할 수 있었을 것이다.

베드로나 바울의 글에서도 마찬가지일 것이다. 대부분의 사람들이 그들의 글에 대해 맹인이지만 그 안에 내재해 있는 하늘의 위엄이 모든 사람들을 가까이 끌어 당겨 사실상 그것에 사로잡히게 한다.

그들의 가르침은 이 세상을 훨씬 초월하는 것으로 높였던 것이다.

바울은 하늘의 권능에 붙잡혀서 지금까지 그가 공격하던 교리를 긍정하게 된 것임을 보여 준다.

제 9 장
성경을 떠나 직접계시로 뛰어드는 광신자들은 모든 경건의 원리를 깨뜨린다.

1. 광신자들은 그릇된 방법으로 성령에 호소한다.

최근 경솔한 자들이 출현하여 주제넘는 자부심을 가지고 성령의 교사로서의 역할을 높임으로써 성경 읽는 것을 무시하고 그들이 표현하는 대로 "죽은, 그리고 죽이는 문자"만을 따르는 경건된 자들의 단순성을 비웃고 있다. 그러나 그 영을 받고 저들이 그렇게 높임을 받아서 성경의 교리를 유치하고 단순한 것으로 감히 멸시하고 있는 이 영은 도대체 어떠한 영인가를 그들에게 묻고싶다.

 그러므로 우리는 선지자들이 신성 불가침한 끈으로 묶어 놓은 것들을 이 우매한 자들이 가증스러운 신성모독에 의해 찢어 버리고 있다고 결론을 지을 수가 있다. 이 밖에도 바울은 삼층천까지 올라갔다 왔지만(고후 12:2) 율법과 예언자들의 가르침에 의한 혜택을 여전히 받았다. 그는 뛰어난 교사 디모데에게도 마찬가지로 성경을 읽는데 유의하라고 권면하였다(딤전 4:13)

 하나님의 자녀들을 궁극적인 목표로 인도하는 성경의 유익을 무상(無常)하거나 일시적인 것으로 여기는 것이야말로 어찌 악마적인 광란이라 아니 하겠는가?

 그러므로 우리에게 약속된 성령의 임무는 새롭고 들어보지 못한 계시들을 만들어 내거나 또는 우리를 이미 받은 복음의 교리로부터 멀리 떼어놓기 위하여 새로운 종류의 교리를 지어내는 따위가 아니고 도리어 복음이 추천해 주는 바로 그 교리를 우리들의 정신에 깊이 새겨주는 데 있는 것이다.

2. 성령은 말씀을 받아들임으로써 인식된다.

 우리가 하나님의 영으로부터 어떤 이득이나 유익 받기를 원한다면 성경을 읽고 귀 기울여야 한다는 것을 쉽게 알 수 있을 것이다.

 사탄이 성령의 이름을 빙자하여 몰래 침투하지 못하도록 하기 위하여 성령께서는 우리가 성경 속에 인쳐 놓은 형상에 의하여 그를 인식하게 하신다. 성경의 저자는 성령이므로 스스로부터 달라지거나 변화할 수 없다. 그러므로 성령께서는 성경에 나타낸 모습 그대로 영구하게 존속될 것이다.

3. 말씀과 성령은 서로 불가분의 관계이다.
 하나님께서는 그의 말씀과 그의 성령의 확실성을 서로 결합하셨기 때문에 하나님의 얼굴을 생각케 하는 성령이 빛을 낼 때에만 비로소 완벽한 말씀의 종교가 우리의 마음속에 거주하게 되는 것이다.
 하나님께서는 효력 있는 그 말씀의 확증에 의하여 그의 사역을 완성하시기 위하여 동일한 성령을 그의 말씀에 부여하여 능력이 되게 하셨다.

제 10 장
 성경은 모든 미신을 바로 잡기 위해 모든 이교신들을 대적하여 하나님만을 보여준다.

1. 창조주 하나님에 대한 성경적 교리
 하나님께서 원수였던 자들을 받아들여 양자로 삼아주셨을 때 이미 그가 그들의 구속주임을 명백히 하셨다. 그러나 아직까지 우리들은 세계의 창조에 대한 지식에만 관심이 머물러 있고 중보자이신 그리스도에 대한 지식에까지는 올라가지 못하고 있다.
 결국 현재로서는 천지의 창조주이신 하나님께서 그가 지으신 세계를 어떻게 다스리시는가를 이해하는 것으로 충분할 것이다.

우리는 실제로, 성경에서 하나님 아버지의 은혜와 자비로 향한 의지가 반복적으로 칭송되고 있음을 보며 또 한편으로는 그가 악한 행위들을 공의롭게 보복하시는 분이심을 보여주는 그분의 엄하심의 실례들이 있음을 본다.

2. 성경에 나타난 하나님의 속성은 그의 피조물을 통해 알려진 것들과 일치한다.
　무엇보다도 우리가 꼭 알아야 할 하나님의 세 가지 속성은, 우리 구원이 거기에 전적으로 달려있는 자비와 악한 자에게 날마다 내리고 있고 앞으로 영원한 멸망에 이르도록 그들을 기다리고 있는 보다 엄한 심판과 신자들을 보호하고 가장 자애롭게 양육시키는 공의이다.
　실로 성경에 기록되어 우리에게 제시되어 있는 하나님에 대한 지식은 그의 피조물들 속에 새겨져 있고 빛나고 있는 바로 그 목적을 지향하고 있는 것이다. 그것은 먼저 하나님을 두려워 하고 그리고 나서 하나님을 신뢰하도록 우리를 인도한다. 이로써 우리는 온전하고 순결한 생명과 꾸밈없는 복종을 가지고 하나님을 예배하고 그의 선하심에 전적으로 의존하는 것을 배울 수 있다.

제 11 장
　하나님을 가시적 형상으로 나타내는 것은 부당한 일이며 일반적으로 우상을 만드는 자는 누구나 참 하나님께 반역하는 자이다.

4. 우상과 화상(畵像)은 성경에 위배된다.

 이제 우리는 성경의 여러 곳에서 반복적으로 이같은 말로 미신을 묘사하고 있음에 유념해야 하겠다. 즉, 그것들(우상들)은 인간의 손으로 만든 것들로서 하나님의 권위가 없는 것들이라고 하였다(사 2:8;31:7;37:19; 호 14:3; 미 5:13). 그러므로 인간이 스스로 고안해 낸 제사는 모두 혐오할만 한 것이라는 사실이 확립되는 것이다. 우리는 오직 하나님의 능력에 의해서만 온 우주가 주관이 된다는 것을 알기 위한 바로 그 목적을 위하여 지성이 부여되어 있음에도 불구하고 죽고 감각조차 없는 물질로부터 도움을 청하고 있으므로 시편에서 선지자는 한층 맹렬히 격노하고 있다.

6. 교회의 교부들도 부분적으로 다르게 판단했다.

 이 문제에 대해서 락탄티우스와 유세비우스가 쓴 글을 읽어보아야 한다. 이들은 눈으로 보이는 형상들은 모두 사멸할 수 밖에 없는 것들이라는 것을 사실로서 받아들이는데 주저하지 않았다. 어거스틴도 그들과 마찬가지로 형상들을 예배하는 일 뿐 아니라 신으로 추앙하여 세우는 일도 옳지 않다고 명백히 밝혔다. 그러나 사실 수년 전 엘비라(Elvira) 공의회 신조 제36장을 이야기한 것에 지나지 않았다. 그 신조에는 "교회 안에 화상(畵像)을 놓아서는 안 되며 예배하거나 숭배하기 위한 목적으로 벽 위에 어떤 것도 그려서는 안된다"고 되어있다.

 그러므로 누구든지 하나님에 관하여 참 지식을 배우기 원한다면 형상 외의 다른 것으로부터 배워야 한다.

7. 교황주의자들의 형상은 전적으로 부적절하다.

그들이 하나님 대신에 이러한 종류의 괴물을 대치한다는 것은 잘 알려진 사실이다. 그들이 성자(聖者)들에게 바치는 화상(畵像) 또는 조상(彫像)들은 가장 타락한 욕망과 음란의 본보기가 아니겠는가? 그와 같은 것들을 모방하려는 사람은 채찍을 맞아 마땅할 것이다.

하나님께서는 이 쓰레기같은 것과는 전혀 다른 교리로 그곳에서 가르치기를 원하신다. 즉, 하나님께서는 말씀의 선포와 성례전을 통하여 모든 사람들을 위해 공통된 교리가 그곳에서 공표되도록 명하셨다. 그러나 우상을 생각하려고 시선을 여기 저기로 돌리는 자들은 이러한 교리에 열심히 집중하지 않는다.

바울은 복음을 옳게 전할 때 그리스도께서 십자가에 못박히신 것이 우리 눈앞에 밝히 보이리라고 증언했다(갈 3:1). 이 교리를 바르게 그리고 충실하게 가르쳤다면 교회 안 여기저기에 세워진 많은 나무, 돌, 은, 금으로 만든 십자가가 무슨 소용이 있었겠는가! 즉, 그리스도께서 우리의 저주를 담당하시기 위해 나무에 달려 죽으심으로(갈 3:13), 그리스도의 몸을 드려 우리의 죄를 속량하시고(히 10:10), 그의 보혈로 죄를 씻어 주시고(계 1:5), 그리하여 우리를 하나님 아버지에게 화목케 하신(롬 5:10) 사실을 충분히 가르쳤다면 말이다. 이 한가지 사실만을 가지고도 백성들은 수천의 목석, 은금의 십자가로부터 보다 더 잘 배울 것이다. 아마 저 탐욕에 찬 자들의 마음과 눈은 어떤 하나님의 말씀보다도 금이나 은에 더 집요하게 고정되어 있을 것이다.

8. 형상의 기원 : 유형적인 신성에 대한 인간의 욕구

인간의 본성은 말하자면 영구적인 우상 제조 공장이라고 결론지을 수 있겠다.
 인간의 마음이란 거만과 무모함으로 가득 차 있어 제멋대로 신을 자기의 머리로 고안해 낸다.
 이와 같은 악에 사악함이 합세하여 인간은 마음속으로 생각해 낸 신을 작품으로 표현하려고 한다. 그러므로 마음은 우상을 잉태하고 손은 그것을 탄생시킨다. 그리하여 하나님께서 물리적으로 그 임재를 나타내시지 않는 한 인간은 하나님이 그들과 함께한다는 것을 믿지 아니하는데 이것이 바로 우상숭배의 기원이다.

10. 교회 안에서의 우상숭배
 그들은 왜 형상들 앞에 엎드리는가? 또 기도할 때 그들은 왜 하나님 귀에 대고 들으라고 하듯 우상을 향하는가?
 어찌하여 같은 하나님을 모방해서 만든 우상들 사이에 그렇게 많은 차이가 있어서 어떤 것은 무시되거나 보통 정도로 높임을 받는데 다른 것은 거룩한 존귀를 받는가? 또 어찌하여 비슷한 우상이 집에도 있는데 우상을 보기 위하여 애써 순례(巡禮)를 하고 있는가? 그들은 왜 오늘날 이들 우상들을 수호하기 위해 검을 쥐는가?
 선지자들은 그들이 그리스도 신자라고 불리우기를 바라면서 매일같이 하나님을 나무나 돌을 향하여 육적으로 숭배하고 있다는 사실이 바로 목석과 더불어 간음하고 있는 것이라고 끊임없이 책망하기를 서슴지 않았다(렘 2:27, 겔 6:4ff., 참조, 사 40:19-20, 합 2:18-19, 신 32:37).

11. 교황주의자들의 어리석은 핑계
 그들은 형상에게 드리는 존귀를 우상예배라 하지 않고 우상봉사라고 주장한다. 그러므로 그들이 "둘리아"라고 부르는 공경 또는 봉사는 하나님의 신성을 모독하지 않고 조상(彫像)과 화상(畵像)에게 드릴 수 있다고 가르친다. 따라서 그들은 우상을 예배하지 않고 우상에 봉사하기만 하면 죄가 되지 않는다고 스스로 생각한다.

12. 예술의 기능과 한계

 나는 어떠한 형상도 용납해서는 안된다고 할만큼 미신에 대한 사고에 사로잡혀 있는 것은 아니다. 오히려 조각이나 회화는 하나님의 선물이기 때문에 둘 다 순수하게 그리고 정당하게 사용하여야 한다.

 보이는 것을 형상화 할 수 있는 부류에 속하는 것에는 두 가지가 있는데 하나는 역사와 사건들에 관한 것이고 다른 하나는 과거의 사건들에 대한 서술은 하지 않고 동체(動體)의 상(像)이나 모형을 만드는 것이다. 전자는 교훈과 책망에 약간 유익한 것이고 후자는 오락 이상의 어떤 목적이 있는지 알 수 없다. 지금까지 교회 안에 세워진 대부분의 우상은 후자에 속함에 틀림이 없다.

15. 성경의 본문의 가소로운 오용

 그들은 예배에 대하여 논할 때, 야곱이 바로에게 경배한 것(창 47:10). 요셉이 지팡이 머리에 의지하고 예배한 것(창 47:31, 히 11:21), 야곱이 돌기둥을 예배한 것(창 28:18) 등을 내세운다. 그러나 이 마지막 돌기둥에 대해서는 성경의 의미를 왜곡하고 있을 뿐만 아니라 다른 곳에서 찾아볼 수도 없는 것을 다음과 같이 인용한다. "그 발등상 앞에서 경배할찌어다"(시 99:5), "그 성산에서 예배할찌어다"(시 99:9), 또 "그 백성 중 부한 자도 네 은혜를 구하리로다"(시 45:12) 등을 들어 이것들이 절대적으로 확실하고 타당한 증거가 되는 것처럼 오용하고 있다.

제 12 장
하나님은 우상과 완전히 구별되시므로 하나님께만 완전한 존귀를 돌려드려야 한다.

1. 참 종교는 하나이시고 유일하신 하나님과 우리를 결속시킨다.
우리는 이 책 서두에서 하나님에 대한 지식은 차가운 사변(思辨)에만 머무르지 않고 하나님에 대한 존경을 수반한다고 말했다. 나는 성경이 하나님은 한 분이시라고 가르칠 때에 언제나 그 이름만을 가지고 논하는 것이 아니고 하나님의 신성에 속하는 것은 무엇이나 어떤 다른 것에 넘겨주어서는 안 된다는 것만을 간략하게 거듭 말해두고자 한다.

2. 차이점이 없는 구별
사실 "라트리아"(예배)와 "둘리아"(봉사)의 구별은 천사들이나 죽은 사람들에게 하나님께 드릴 존귀를 돌려도 죄가 되지 않는다는 것을 보이기 위해 고안해 낸 것이다.

그러나 여기서 문제는 단어에 있지 않고 사실 자체에 있는데 누가 감히 모든 일 가운데 최고로 중대한 이 문제를 무시할 수 있겠는가?

3. 형상을 존귀히 여기는 것은 하나님의 영광을 손상시킨다.

그러면 여기서 이 낱말들의 세세한 구별은 그만두고 문제 자체를 검토하기로 하자.

우리가 한 분이신 하나님만을 갖기를 원한다면 하나님의 영광을 손톱만큼이라도 손상시키지 말아야 한다.

하나님께서는 각자 제멋대로의 예배를 고안해 내지 못하도록 그 율법으로 인간에게 무엇이 바람직하고 정당한가를 규정하기를 원하셨다.

미신은 하나님의 영광을 태양, 별들 또는 우상들에게 돌렸다. 거기에 야심이 뒤따랐다. 그 야심이란 죽을 수 밖에 없는 인간을 하나님으로부터 빼앗은 것으로 장식하게 거룩한 모든 것을 감히 모독하였다.

제 13 장
성경은 창조 이래 하나님은 한 본체이시며 삼위로 계심을 가르친다.

1. 하나님의 본질은 불가해하고 영적인 것이다.

무한하시며 영적인 하나님의 본질에 관한 성경의 가르침은 보편적인 미혹을 제거할 뿐 아니라 세속 철학의 교묘성을 논박하기에 충분하다.

그의 무한성은 우리의 감각으로 감히 그를 측량하는 것을 두려워하게 하고 또 그의 영성은 그에 관하여 우리가 세상적으로 또는 육적으로 상상하지 못하도록 한다. 같은 이유로, 하나님은 자주 하늘을 자신의 거처로 보여주시기도 한다. 실로 그는 측량할 수 없는 분이시지만 땅 자체를 가득 채우고 계시다. 그러나 우리의 우둔한 정신이 세상에 깊이 빠져 있음을 보시고 우리의 태만과 무기력을 깨우시기 위해 우리를 이 세상 위로 들어올리신다.

2. 하나님 안에 삼위가 계신다.

하나님은 또 다른 특별한 표식으로 자신을 나타내 주심으로써 우상으로부터 보다 세밀하게 자신을 구별하신다. 하나님은 자신을 유일하신 하나님으로 천명하심으로서 자신의 삼위(三位) 안에서 명료하게 명상되도록 제시하셨다. 만약 우리가 이것을 이해하지 못한다면 의미 없고 공허한 하나님의 이름만이 우리의 두뇌를 맴돌아 결국 참 하나님은 축출되게 될 것이다. 더 나아가 아무도 삼중(三重)으로 된 하나님을 공상하거나 또는 하나님의 한 본질이 삼위로 나뉘었다고 생각하지 못하도록 하기 위해서 간단하고 쉬운 정의를 찾아 모든 오류를 막아야 하겠다.

성부께서는 자신의 고유한 특성에 의하여 구별되시기는 하지만 자신을 성자 속에 완전히 표현하셨기 때문에 그는 그의 위격(휘포스타시스)을 아들 안에서 나타내 보이셨다 함은 매우 타당한 말이라고 할 수 있겠다.

만약 사도의 증언을 믿는다면 하나님 안에 삼위(휘포스타시스)가 있다는 결론을 내릴 수 있다. 라틴 교부들은 동일한 개념을 "페르소나"(persona)라는 말로 표현할 수 있었으므로 이 명백한 의미를 지니고있는 낱말을 가지고 말씨름하는 것은 지나치게 신경질적이고 끈질긴 형태가 될 것이다. 만약 이 말을 직역한다면 실위(實位)가 될 것이다. 많은 사람들이 "본질"(substance)이라는 낱말을 같은 의미로 사용해 왔다.

3. "삼위일체", "위"(位) 등과 같은 표현은 성경 해석에 도움을 주므로 인정할 수 있는 것이다.

그런데 이단자들은 "위"(位)란 말에 대해 악담을 하고 또 어떤 신경질쟁이들은 인간의 머리로 고안해낸 말을 받아들일 수 없다고 홍분하며 우기고 있지만 여기서 말하는 셋이란 것이 각각 전적으로 하나님이며 동시에 한 하나님이지 여러 하나님이 아니라는 우리의 확신을 동요시킬 수가 없다.

그러나 다음과 같은 기준이 지켜지지 않으면 안 된다. 즉 우리는 우리의 생각과 말에 대한 확실한 규칙을 성경에서 찾아내야 한다. 우리 마음속의 생각과 우리 입에서 나오는 말이 성경과 일치해야만 한다. 그러나 성경에 있는 이해하기 복잡하고 어려운 문제들을 우리가 명료한 말로 설명하는 것을 누가 막을 것인가? 그 설명은 경건되게 그리고 신실하게 성경의 진리 자체에 봉사하며 되도록 적고 신중하며 적당한 기회에 사용된다.

4. 교회는 거짓 교사들의 정체를 폭로하기 위해 필요한 "삼위일체", "품격" 등의 표현에 주시해 왔다.

초대 교회 교부들은 여러 가지 그릇된 교리의 논쟁에 몰려 곤란해질 때 군말로 얼버무려 자기네들의 오류를 위장하려고 하는 불경건한 자들에게 애매한 표현을 했다는 여지를 남기지 않기 위하여 그들이 뜻하고 있는 바를 가장 명백하게 논술하지 않을 수 없었다.

아리우스(Arius)는 성경 말씀이 너무 명백하여 반대할 수 없으므로 그리스도가 하나님이요 하나님의 아들이라고 고백했다. 그리하여 마치 자기가 옳은 일을 했고 또 다른 사람들과 일치하는 것처럼 가장했다. 그러나 동시에 그는 그리스도가 다른 모든 피조물처럼 지음을 받았고 그리고 시작을 가졌다고 쉬지 않고 지껄였다.

그리하여 아리우스파가 "호모우시오스"(homoousios-동질의)란 말을 극악하게 증오하고 저주를 퍼붓기 시작하자 그 불경건함이 극에 달하게 되었다.

또 사벨리우스(Sabellius)가 일어나서 성부, 성자, 성령이라는 이름들을 거의 중요하지 않은 것으로 취급하고 그것들을 어떤 구별을 짓기 위하여 둔 것이 아니고 하나님의 여러 다른 속성들을 나타내는 것에 지나지 않으며 그런 종류의 것들은 많이 있다고 주장했다.

그는 성부는 성자, 성령은 성부요 그 사이에 아무 등급도 구별도 없다는 옛 노래를 반복한 것에 불과했다.

5. 신학적 용어의 한계와 필요성

그러므로 이 용어들이 근거없이 경솔하게 창안된 것들이 아니라면 우리는 이 것들을 배척함으로써 오만하며 경솔하다는 비난을 받지 않도록 주의해야 할 것이다. 실로 나는 성부, 성자, 성령이 한 하나님이시면서, 성자는 성부가 아니고, 성령도 성자가 아니고, 각각 특유한 자질을 갖고 계시다는 신앙에 만인이 동의한다고 하면 이 용어들을 매장시켜버리고 쓰지 않기를 바랄 것이다.

"호모우시오스"(homoousios)란 말을 라틴말로 번역하고자 했을 때 라틴 교부들은 "consubstantial"(동질 동체)라고 했다. 성부와 성자의 실체가 하나님임을 지적하고 따라서 "본질"(essence) 대신에 "실체"(substance) 라는 말을 썼다.

아리우스는 그리스도는 하나님이라고 말하면서도 그는 지음을 받았고 시작이 있었다고 중얼거리고 있다. 그리스도는 아버지와 하나이다라고 말하고 있으나 독특한 특권이 있음이 다를 뿐 다른 신자들과 마찬가지로 아버지와 연합하고 있다고 자기파 사람들의 귀에 대고 소곤댄다. 그러므로 "동질"(consubstantial) 이라고 말하라. 그러면 이 변절자로부터 가면을 벗겨 버릴 수 있을 것이다. 그렇다고 해서 성경에 다른 것을 더 가하는 것은 아니다.

또한 사벨리우스는 성부, 성자, 성령이란 것은 하나님 안에 어떤 구별이 있다는 것을 말하는 것은 아니라고 했다. 그들은 셋이라고 말하라, 그러면 그는 우리가 세 신을 지명한다고 소리칠 것이다.

우리가 "하나"라는 말로써 "본질의 유일성"을 의미하며, 또 "한 본질 안의 셋"이란 말로서 이 삼위일체 안에 있는 위격들을 가리킨다는 것을 부정할 사람은 없을 것이다.

6. 가장 중요한 개념이 갖는 의미

그러면 이제 말에 대한 논의는 그만두고 문제 자체로 들어가자. 여기서 내가 말하는 "위격"(person)은 하나님의 본질 가운데 있는 실위(subsistence)를 뜻하는 것이다. 이것은 다른 두 실재와 서로 관계를 갖고 있으면서도 교류(交流)할 수 없는 고유성에 의하여 구별되어 있다. 여기서 "실위"(subsistence)는 "본질"(essence)과는 다른 어떤 뜻을 가지고 있다고 보아야 할 것이다.

그러나 아버지 안에 거하지 않고는 하나님과 함께 있을 수 없으므로 여기서 실위(subsistence)의 개념이 명백해진다. 즉 이 실위는 본질과 상호관계를 맺고 있어서 그것으로부터 분리될 수 없지만 또 동시에 그것과 구별되는 특별한 표시를 지닌다.

그러므로 세 실재는 각각 나머지 실재와 관계를 맺으면서 동시에 어떠한 특별한 자질에 의해 구별된다고 말할 수 있겠다.

세 번째로, 또 나는 각자에게 고유한 것은 무엇이든 서로 교류할 수 없다고 주장하는 바이다.

7. 말씀의 신성

"말씀"이란 하나님과 함께 거하는 영원한 지혜를 의미하고, 이로부터 모든 계시와 예언이 나온다. 왜냐하면, 베드로가 증거 하는 바와 같이, 고대 선지자들도 사도들이 한 것처럼 그리스도의 영으로 말미암아 말했으며(벧전 1:10-11, 참조, 벧후 1:21), 하늘에 속한 교리를 설교한 후대의 모든 사역자들도 그러하였기 때문이다.

그뿐 아니라, 그때에는 그리스도께서 아직 나타나지 않았기 때문에 우리는 말씀을 시간이 생기기 전에 성부로부터 난 것으로 이해해야 한다.

사도들은 성자로 말미암아 세상을 지으셨고 그는 그의 능력의 말씀으로 만물을 붙드신다(히 1:2-3)고 더 훌륭하게 해석하였다. 여기서 우리는 말씀이 바로 성부의 영원하고 본질적인 말씀인 성자의 지시나 명령으로 이해된 것을 본다.

그러므로 하나님으로부터 나온 모든 계시가 "하나님의 말씀"이라는 용어로 올바르게 칭해지고 있는 까닭에, 이러한 본질적인 말씀은 영원토록 하나님과 함께 거하시고 또한 하나님 자신이시다.

8. 말씀의 영원성

하나님께서 "빛이 있으라"(창 1:3)라고 말씀하시기 전부터 말씀은 존재하였고 말씀의 능력이 나타나기 전부터 말씀은 있었다. 만약 누가 얼마나 오래 전부터 존재하였는지 조사해 본다면 그는 시작이 없다는 것을 알게 될 것이다.

우리는 말씀이 시간이 시작되기 전에 하나님 품안에 계셨고 영원토록 그와 함께 거하신다고 재언급하는 바이다. 이러한 사실로써, 말씀의 영원성과 참된 본질 및 신성이 입증되었다.

9. 구약성경에 나타난 그리스도의 신성

시편 45편에 "하나님이여 주의 보좌가 영영하며"라고 되어 있는데 (시 45:6), 유대인들은 이 말씀을 왜곡하여 엘로힘이란 칭호를 천사들과 최고의 권세들에게도 적용시켰다. 그러나 성경 어느 곳에서도 피조물을 위하여 영원한 보좌가 설치되었다고 말하는 구절은 한 군데도 찾을 수 없다. 진실로 그는 하나님이라고 불리울 뿐 아니라 영원하신 지배자라고 불리운다.

이사야가 그리스도를 하나님으로 또 하나님 한 분에게만 속한 특성인 최고 권능을 가진 분으로 명백하게 소개한 것을 기억해야 한다. 즉 그는 "그 이름은……전능하신 하나님이라 영존하시는 아버지라……할 것임이라"(사 9:6)고 말한다.

여기서 그가 "전능하신 하나님"이라 불리운 것은 바로 앞에서 "임마누엘"이라 불리운 것과 동일한 이유라는 것을 의심할 여지가 없다.

예레미야는 그리스도가 참된 여호와이시며, 그로부터 의(義)가 나온다고 증거한 반면 지금은 하나님의 교회가 그 이름을 높일 수 있도록 이것을 분명히 알게 될 것을 선언하고 있다(렘 23:5-6; 33:15-16).

10. 영원하신 하나님의 사자

한 천사가 거룩한 족장들에게 나타났고, 영원하신 하나님이란 이름으로 자칭했다(삿 6:11, 12, 20, 22; 7:5, 9)고 되어 있다.

그 천사는 떡 먹는 것을 거절하고 여호와께 번제를 드리라고 명한다(삿 13:16). 실로, 그 사건 자체는 그가 바로 여호와이심을 증거하고 있다(삿 13:20).

교회의 정통파 학자들은 최고 천사가 하나님의 말씀이고, 그때에도 이미 일종의 전조로서 중보자의 직무를 수행하기 시작했다고 올바르고도 신중하게 해석했다. 즉, 이 말씀은 아직 육신을 입고 있지는 않았으나 신자들에게 더 친밀하게 접근하기 위하여 말하자면 중보자 형태로 내려온 것이다. 그러므로 이같은 친근한 교제 때문에 그에게 천사란 이름이 주어졌다. 그럼에도 불구하고 그는 여전히 고유한 성품을 지니셨고 형언할 수 없는 영광을 가지신 하나님이었던 것이다.

바울도 그리스도가 광야에서 백성을 인도하신 자였다(고전10:4)라고 말한다. 왜냐하면 비록 비하(卑下)의 때가 아직 이르지 않았을지라도, 그럼에도 불구하고 그 영원한 말씀은 그에게 정해져 있는 임무의 성격을 드러낸 것이다. 또 스가랴 2장을 객관적으로 고찰해 본다면, 다른 천사들을 보낸 그 천사(슥 2:3)는 즉시 만군의 여호와로 선포되고 그에게 최고 권능이 귀착된다(슥 2:9).

11. 신약성경에 나타난 그리스도의 신성: 사도들의 증거

히브리서에서 사도가 아들에게 돌리고 있는 하나님의 칭호는 분명히 가장 영광스런 칭호이다. 즉 "주여 태초에 주께서 땅의 기초를 두셨으며(히 1:10; 시 102:25), 또한 "하나님의 모든 천사가 저에게 경배할지어다"(히 1:10;시 102:25), 또한 "하나님의 모든 천사가 저에게 경배할지어다"(히 1:10; 시 96:7)라고 한다. 이러한 칭호가 그리스도께 적용된 것은 오용이 아니다.

요한은 말씀이 곧 하나님(요 1:1-14)이라고 선언하였다면, 하나님의 위엄을 그리스도께 돌리는 것을 주저할 이유가 무엇인가? 마찬가지로 바울도 그리스도를 "영원토록 찬양 받으실 하나님"(롬 9:5)이라고 말할 때 그의 신성을 공공연히 선포하였다면, 그리스도를 하나님의 심판대에 앉히기를 주저할 이유가 무엇인가(고후 5:10)? 그리고 그는 이 점에 있어서 자신의 일관성을 보이기 위하여, 다른 곳에서 "하나님이 육신으로 나타나셨다"(딤전 3:16)라고 기록한다.

바울은 조금도 숨기지 않고 공공연하게 "그는 하나님의 본체시나 하나님과 동등 됨을 위할 것으로 여기지 아니하시고 오히려 자기를 비어"(빌 2:6-7)라고 선포한다. 그리고 불경한 자들이 거짓 신에 대해 쓸데없이 넋두리하지 못하도록 요한은 "그는 참 하나님이시요 영생이시라"(요일 5:20)고 말하는데 까지 이른다.

바울은 "비록 하늘에나 땅에나 신이라 칭하는 자가 있어 많은 신과 많은 주가 있으나 우리에게는 한 하나님 곧 아버지가 계시니 만물이 그로 말미암고 우리도 그로 말미암았느니라"(고전 8:5-6)라고 말했다. 우리가 같은 입을 통하여 "하나님이 육신으로 나타나셨다"(딤전 3:16), "하나님이 자기 피로 교회를 사셨다"(행 20:28)고 한 말을 들을 때, 왜 우리는 바울이 전혀 인정치 않았던 제2의 하나님을 상상하겠는가?

12. 그리스도의 신성은 그의 사역에서 입증된다.

그리스도께서 자신이 태초부터 계속 아버지와 함께 일해 왔다고 말씀하였을 때(요 5:17), 유대인들은 그가 한 다른 말에 대해서는 전혀 둔감했는데도 불구하고 이 말을 듣고는 그가 하나님의 권세를 행사하였다는 것을 알아차렸다.

요한이 기록한 것 같이, "유대인들은 이를 인하여 더욱 예수를 죽이고자 하니 이는 안식일만 범할 뿐 아니라 하나님을 자기의 친아버지라 하여 자기를 하나님과 동등으로 삼으심이러라"(요 5:18). 이와 같이 그의 신성(神性)을 분명히 제시한 글에서도 우리가 그것을 깨닫지 못한다면, 이보다 더 우둔한 일이 어디 있을까?

사도가 그리스도에게 돌린 활동, 곧 섭리와 권능으로 세계를 통치하고 그의 능력의 말씀으로써 만물을 통제하는 것(히 1:3)은 창조주만이 할 수 있는 역할이다.

유대인들이 그리스도가 죄를 사해 주신 행위는 하나님께 잘못을 범한 것이라 생각했을 때, 그리스도께서는 이러한 권능이 자기에게 있다고 말로써 주장했을 뿐 아니라 이적을 통해 증명하셨다(마 9:6).

사람의 마음에 감춰진 생각을 살피고 통찰하는 일은 하나님만이 하실 수 있는 일이 아니겠는가? 그러나 그리스도 또한 이러한 권능을 가지셨다(마 9:4;참조, 요 2:25). 여기서 우리는 그리스도의 신성을 추론할 수 있다.

13. 그리스도의 신성은 그의 이적에 의해 입증되었다.

사도들은 그들의 사역을 통해 하나님의 은사들을 행사한 것이나 그리스도는 자신의 능력을 드러내신 것이다. 때로 그는 아버지께 영광을 돌리기 의하여 기도를 올리곤 하셨다(요 11:41). 그러나 대부분의 경우 그는 자신의 권능을 우리에게 나타낸 것을 볼 수 있다. 그리고 그리스도께서 자신의 권위로 다른 사람들에게 이적을 행하는 은사를 위임하는 분이라면 그가 이적의 참된 창조자가 아니겠는가?

그리스도께서 유대인들의 불신앙을 깨뜨리기 위하여 기적들을 사용하신 것은 이상한 일이 아니다. 왜냐하면, 이러한 기적들은 그 자신의 권능에 의하여 행해진 것이고, 따라서 그의 신성에 대한 가장 충분한 증거를 제공해 주기 때문이다(요 5:36; 10:37; 14:11).

더욱이 하나님을 떠나서는 구원도, 의도, 생명도 없다면, 그리고 그리스도 안에 이 모든 것이 있다면, 하나님이 계시된 것이 확실하다. 아무도 생명이나 구원이 하나님으로부터 그에게 주입(注入)되었다고 반론하지 못할 것이다. 왜냐하면 그리스도는 구원을 받은 것이 아니라 바로 구원이기 때문이다.

"누구든지 여호와의 이름을 부르는 자는 구원을 얻으리라"(욜 2:32)라고 했고,

구원을 얻기 위하여 그리스도의 이름을 부른다면 그가 여호와라는 결론이 나온다.

하나님은 그를 아는 것만으로 자랑을 삼으라고 우리에게 명했어도(렘 9:24), 성자의 이름만이 유독 우리에게 알려진 것은 신기하고 위대한 일이 아닌가?

14. 성령의 신성은 그 사역에서 입증된다.

창조 기사에서 "하나님의 신은 수면(혹은 일정한 모양이 없는 물체)에 운행하시니라"(창 1:2)라는 모세의 증언은 아주 분명하다. 이 증언은(우리가 지금 인식하고 있는) 세계의 아름다움은 성령의 권능에 의해 유지·보존되고 있을 뿐만 아니라 이러한 아름다움으로 단장되기 전에도 성령은 혼돈한 땅덩어리를 돌보는 일을 하고 있었음을 보여준다.

다음 이사야의 말은 교묘하게 해석하여 빠져나갈 수 없을 것이다. 즉 "이제는 주 여호와께서 나와 그 신을 보내셨느니라"(사 48:16; 주석 참조). 왜냐하면, 이 말에 의하면 하나님께서는 선지자들을 파송하는 일에 최고의 권위를 성령과 함께 나누시기 때문이다. 여기에 성령의 신적 존엄이 드러나 있다.

이 성령은 도처에 계셔서 하늘과 땅에서 만사를 붙들고 성장케 하고 소생시키니 성령은 어떠한 한계에 의해 제한될 수 없기 때문에 피조물의 범주에서 제외되지만, 만물 속에 생기를 불어넣고, 본질과 생명과 활동을 주고 있다는 점에서 분명히 신적이다.

또한 만일 썩지 않는 생명으로 중생하는 것이 어떤 현재적 성장보다 훨씬 더 차원이 높고 우월하다면, 우리는 그러한 생명의 근원이 되는 그 분을 도대체 어떻게 생각하여야 할까?

성령은 지혜와 말하는 재능을 주신다(고전 12:10). 여호와는 한편 그것이 바로 자신의 사역이라 선언하신다(출 4:11).

우리를 의롭게 하시는 것도 성령의 역사로 이루어지고, 능력과 성화도 그로부터 온다(참조, 고전 6:11). 진리, 은혜, 그리고 상상 가능한 모든 선한 것이 그에게서 나온다. 왜냐하면, 오직 성령으로부터만 각종 은사가 흘러나오기 때문이다(고전 12:11).

15. 성령의 신성에 대한 명백한 증거들

바울은 하나님의 영이 우리 안에 거하신다는 사실로부터 우리가 하나님의 전이라고 결론짓는다(고전 3:16-17; 6:19; 고후 6:16).

사도 바울은 때로는 동일한 뜻으로 "성령의 전"이라고 기록한다(고전 6:19). 또한 베드로는 아나니아가 성령에게 거짓말을 했다고 책망할 때, 사람에게 거짓말을 한 것이 아니고 하나님께 한 것이라고 말한다(행 5:3-4).

실로 예언자들이 보통 그들의 말이 만군의 여호와의 말씀이라고 주장한 것에 대해서도 그리스도와 사도들은 그것을 성령이 하신 말씀으로 간주한다(참조, 벧후 1:21). 그러므로 성령은 특별히 예언의 주장자이며 진실로 여호와이시라는 결론이 나온다.

16. 동일성

하나님은 그리스도의 강림으로 한층 더 명백히 자신을 계시하셨기 때문에 역시 삼위(三位)안에서 더 친밀하게 알려지게 되었다.

바울은 하나님, 믿음 및 세례라는 세 가지를 서로 연결시켜(엡 4:5), 하나로부터 다른 하나로 전개한다. 즉, 믿음이 하나이기 때문에 그는 하나님도 한 분이라고 증거하고, 또 세례가 하나이기 때문에 믿음도 하나라고 증거한다. 그러므로, 세례를 통하여 우리가 유일하신 하나님을 믿고 신앙하기 시작하였다면, 우리는 그 이름으로 세례받은 바로 그분을 참 하나님으로 간주해야 한다.

그러므로 하나님의 본질 안에 삼위가 거하며, 유일하신 하나님이 삼위로 알려지셨다는 사실은 아주 명백하다.

신앙이란 여기 저기를 주목하거나 여러 가지 문제들에 대해 논해야 하는 것이 아니라, 유일하신 하나님을 바라보고 그와 연합하며 그에게 집착해야 하는 것이다.

그런데 세례란 신앙의 성례전이므로 이것이 하나라는 사실로부터 하나님의 유일성도 확증된다. 그러므로 또한 우리가 그 이름으로 세례 받은 분에 대한 신앙을 갖고 있으므로 우리는 오직 유일하신 하나님의 이름으로만 세례 받을 수 있다는 결론이 나온다. 그렇다면 그리스도께서 아버지와 아들과 성령을 하나의 신앙으로써 믿어야 함을 뜻하는 것이 아니겠는가? 또한 이것은 성부와 성자와 성령이 한 하나님이라는 것을 명백하게 증거하는 것이 아니겠는가?

17. 삼위성

나지안주스의 그레고리(Gregory of Nazianzus)의 다음 문장은 나의 마음에 꼭 든다. "나는 삼위의 빛에 즉시 사로잡히지 않고서는 삼위를 식별할 수 없다.

"성부", "성자", "성령"이라는 말들은 실제적인 차이를 의미한다 ─그러므로 우리는 하나님을 그의 사역들로 인하여 다양하게 지칭하는 이러한 호칭들이 공허하다고 생각해서는 안 된다─그리고 이러한 차이는 단순히 구별이지 분리가 아니다.

18. 성부와 성자와 성령의 차이

그 차이란 이런 것이다. 즉, 활동의 시초 및 만물의 원천과 기원은 성부에게 돌려지고, 지혜와 모략 및 만사의 지배권은 성자에게 귀착되고, 그러한 활동의 힘과 효능은 성령에 기인한다는 것이다.

우리는 영원에서 '먼저'나 '나중'의 개념을 추구해서는 안된다. 그럼에도 불구하고 삼자의 순위를 주목하는 것이 무의미하거나 불필요한 일은 아니다. 즉, 성부가 제1위로 간주되고, 다음에 그로부터 성자가 나오고, 마지막으로 성부와 성자로부터 성령이 나온다. 왜냐하면 각 인간의 마음은 천성적으로 먼저 하나님을, 다음에 그로부터 나오는 지혜를 그리고 마지막으로 그 계획의 결정을 수행하는 능력을 생각하게끔 되어 있기 때문이다. 이러한 이유로, 성자는 성부로부터만 나오고, 성령은 성부와 성자로부터 나온다고 말한 것이다(filioque).

19. 성부와 성자와 성령의 관계

성자는 성부와 함께 전혀 동일한 성령을 공유하고 계시므로 성부와 더불어 한 하나님인 것과 또 성령도 성부와 성자의 영인 까닭에 성부, 성자와 다르지 않다는 사실을 입증한다. 왜냐하면, 각 위격(hypostasis) 속에서, 자신의 고유한 특질이 각 위격에 속한다는 이러한 특질부여와 더불어 전체적인 신적 속성이 이해된다. 성부는 전적으로 성자 안에 있고 성자는 전적으로 성부 안에 있다는 사실은, 성자께서 친히 "내가 아버지 안에 있고 아버지가 내 안에 계시다"(요 14:10)라고 선언하신 바와 같다.

우리가 성부와 상관 없이 단순히 아들에 대해서 말할 때, 그가 스스로 존재한다고 말하는 것이 당연하다. 이러한 이유로 우리는 그를 독립적 기원이라 부른다. 그러나 우리가 성부와 그의 관계를 주목할 때 우리는 성부가 성자의 기원이라고 말해도 옳다.

20. 삼위일체 하나님

하나님의 이름이 개별화되지 않고 언급될 때에는 언제나 성부를 가리키는 것과 마찬가지로 성자와 성령도 가리키는 것이다. 그러나 성자가 성부와 연결될 때, 둘의 관계가 수립된다. 따라서 우리는 위(位)들을 구별한다. 위들의 독자적인 특질들에는 순서가 있기 때문에 예를 들면, 성부 안에 시작과 근원이 있기 때문에, 성부와 성자 또는 성부와 성령이 함께 언급될 때에는 언제나 하나님의 이름이 특히 성부에게 적용된다. 이리하여 본질의 동일성은 보유되고 합리적인 순위는 보존된다.

확실히 우리는 모세와 예언자들이 여호와라고 증거한 그분이 하나님의 아들이라고 사도들이 선언한 것을 이미 보았으므로, 본질을 하나라는 결론에 도달하는 것은 언제나 필수적이다.

그런데 개별화되지 않고 사용된 여호와라는 이름은 그리스도에게 해당한다는 사실은 또한 다음 바울의 말, 즉 "내가 세 번 주께 간구하였더니"(고후 12:8)로 부터 볼 때 명백하다.

그리스도 자신은 전체적인 하나님을 "영"이라 부른다(요 4:24). 왜냐하면 아버지, 아들, 성령을 포괄하는 전체적인 하나님의 본질이 영적이라는 견해를 배척하는 것은 아무 것도 없기 때문이다. 이 사실은 성경에 명백히 증명된다. 우리는 성경에서 하나님이 영이요 또 하나님으로부터 나오는 영으로 언급된 전체적인 본질의 한 위격이라는 것을 듣는다.

21. 모든 이단설의 근거: 모든 사람들에 대한 경고

더우기 사단은 우리의 믿음을 그 뿌리로부터 분리시키기 위하여, 부분적으로는 성자와 성령의 신적 본질에 관하여 또 부분적으로는 위(位)들의 차이에 관하여 언제나 맹렬한 논쟁을 불러 일으켜 왔다.

진실로 성경의 감추인 비밀들에 접근할 때에 우리는 신중하고 대단히 주의 깊게 고찰해야 할 것이다. 즉, 우리의 생각이나 말이 하나님의 말씀이 범위하는 한도를 넘지 않도록 크게 조심해야 할 것이다.

우리가 하나님의 말씀을 제외한 어떤 다른 곳으로부터 하나님을 찾지 않고 하나님이 우리에게 자신을 계시하시는 대로 그를 생각한다면, 그것은 곧 "하나님에 대한 이해를 하나님께 맡겨버리는 것"이 될 것이다.

인간의 정신은 호기심을 충족시킬 때 미궁 속을 헤매이게 된다는 것을 기억하도록 하자. 그럼으로써 비록 인간의 정신으로 신비의 깊이를 헤아릴 수 없을지라도, 하늘에 속한 말씀에 순복하여 인도함을 받도록 하자는 것이다.

22. 세르베투스의 반(反) 삼위일체론

세르베투스는 "삼위일체"라는 용어를 지독히도 싫어하고 혐오하였으므로, 일반적으로 그가 삼위일체론자라고 부른 사람들을 모두 무신론자라고 몰아 붙였다.

그의 생각을 요약하면 다음과 같다. 즉 삼위(三位)가 하나님의 본질 가운데 존재한다고 말하면 하나님은 삼분적(三分的) 존재가 되어버린다. 이것은 하나님의 통일성과 모순이 되기 때문에 가상적인 삼자관계를 의미한다. 한편 그는 위(位)가 하나님의 본질 가운데 실제로 존재하는 것이 아니고 우리에게 다양하게 현현하시는 하나님을 설명하기 위한 외적인 개념이라고 고집한다. 과거에 말씀과 성령은 완전히 같은 것이었으므로 처음에 하나님 안에는 아무 구별이 없었다. 그러나 그리스도께서 하나님으로부터 하나님으로 오셨을 때 성령도 그리스도로부터 또 다른 하나님으로 나왔다는 것이다. 세르베투스는 때때로 하나님의 영원한 말씀은 하나님과 함께 한 그리스도의 영이요 그의 형상(idea)의 광휘이고 성령은 신성(神性)의 그림자라고 말할 때와 같이 자신의 불합리한 점들을 알레고리로 채색한다.

25. 신성은 삼위에 모두 공통이다.

 우리는 성경으로부터 하나님의 본질은 하나 뿐이므로 성자와 성령의 본질도 낳음을 받은 것이 아니라는 것을 배우게 된다. 그러나 성부께서 첫 번째 순위이고 그 자신으로부터 그의 지혜를 낳았으므로 바로 전에 말한 바와 같이 그는 모든 신성(神性)의 시작이요 원천으로 보는 것이 옳겠다.

 우리는 위격을 본질에서 분리시키는 것이 아니고 오히려 그 본질 가운데 있는 위격들을 구분하고 있다는 것이 명백해진다.

 본질은 삼위일체의 부분이나 구성원으로부터 구별되는 것은 아니지만 위격은 이 본질 없이는 있을 수 없으며 이 본질 밖에서는 존재하지 않는 것이다. 그러므로 우리는 절대적인 의미에서 하나님이 된다는 것은 자존(自存)하는 것이라고 말할 수 있겠다. 그러므로 마찬가지로 성자도 하나님이기 때문에 그의 위격에 상관없이 자신에 의하여 존재한다고 말할 수 있다. 그러나 그가 아들이기 때문에 아버지로부터 왔다고 말할 수 있다. 이같이 그의 본질에는 시작이 없지만 반면에 그 위격의 시작은 하나님 자신인 것이다.

26. 성육신이신 말씀이 성부에 예속한다는 것은 반증할 수 없다.

 한 위격을 다른 위와 비교할 때에는 하나님이란 이름은 무제한적으로 사용되는 것이 아니고 신성의 시작이라고 보고 성부에 한정되는 것이다. 그러나 광신자들이 지껄이고 있는 것과 같이 본질의 분여에 의해서가 아니라 서열의 원칙에 의해 한정되는 것이다.

 그는 중보자의 위격으로 말할 때에는 하나님과 인간의 중간위치를 취하고 계시지만 그것으로 인해 그의 위엄은 조금도 감소되지 않기 때문이다. 그는 비록 자기를 비우셨다고 하지만(빌 2:7) 그의 영광은 세상에는 감춰져 있어도 성부와 함께 하여 소실되지 않는 것이다.

 "내 아버지는 나보다 크심이다"(요 14:28)라고 말씀하셨을 때 그것은 하늘에서 나타났던 뛰어나게 빛나는 완전무결한 광채는 육신을 입고 지상에 계셨을 때 자신이 보이신 영광의 분량과는 다르기 때문에 성부를 더 높은 위치에 놓는 것이다.

29. 공인된 교부들은 누구나 삼위일체 교리를 믿었다.

 이제 경건한 독자들은 사단이 오늘날까지 교리에 관한 순결한 신앙을 왜곡하거나 어둡게 하려고 시도했던 모든 계략을 말로써 격퇴시킬 수 있다는 것을 깨닫기를 바란다.

동시에 교회의 교화를 생각하여 나는 조금도 유익을 주지 못하고 도리어 독자들에게 부담이나 고민을 만들 염려가 있는 여러 문제는 손대지 않는 것이 좋다고 생각했다. 예를 들면 성부께서 항상 낳고 계신가를 의논하는 것이 무슨 도움이 되겠는가? 왜냐하면 영원 전부터 하나님 한 분 안에 삼위(三位)가 있었다는 것이 분명하므로 지속적인 낳음(begetting)의 행위 따위를 상상하는 것은 어리석은 일이기 때문이다.

제 14 장
우주와 만물 창조에 있어서도 성경은 명백한 특징들로 참 하나님과 거짓 신들을 구별한다.

1. 우리는 추상적 사변으로 하나님의 창조행위를 알아낼 수가 없고 또한 그래서도 안된다.

우주 정신으로서의 하나님 개념(철학자들의 관점에서 가장 잘 받아들일 수 있는 설명)이 단명(短命)한 이상, 우리는 회의 가운데서 항상 방황하지 않기 위해 하나님을 보다 깊이 아는 것이 필요하다.

이 창조사 속에는 우선 신자들이 끊임없는 시간의 연속에 의거하여 인류와 만물의 최초 기원에까지 추적하여 도달할 수 있도록 시간이 명시되었다.

우주의 시작이 일단 알려짐으로써 하나님의 영원성이 보다 분명히 드러나고 우리도 하나님의 영원성에 대한 경이감에 더욱 사로잡힐 수 있기 위해서도 특히 필요하다.

또한 우리가 하나님께서 우리들 신앙의 절제를 시험하기 위해 고의로 감추려고 했던 사실을 알아내더라도 그것은 조금도 유익하지 않을 것이다.

2. 6일간의 창조사역은 인간을 향한 하나님의 선하심을 나타낸다.

하나님께서 우주에 모든 선한 것을 풍족하게 주실 때까지는 아담을 창조하시지 않았다는 점에서 우리는 바로 그 만물 창조의 순서에서 하나님의 인류를 향한 아버지로서의 사랑을 주의깊게 고찰해야 한다.

3. 하나님은 만유의 주시다!

마니(Mani)는 그 일파와 함께 일어나 하나님과 마귀라는 두 개의 원리 곧 이원론(二元論)을 만들었다. 그는 선한 것의 기원을 하나님께 돌리고 악한 성품을 그 창시자인 마귀에게 돌렸다.

영원성과 자존성 즉, 스스로 존재하는 것-이야말로 하나님을 특징짓는 것인데 어떤 의미에서 이것을 마귀에게 돌린다면 마귀를 신이란 칭호로 부각시키는 결과가 되기 때문이 아니겠는가?

그러므로, 이러한 왜곡된 거짓 사상과 대항하기 위해서 우리의 정신을 우리의 눈이 도달할 수 있는 것보다 높이 들어올릴 필요가 있는 것이다. 하나님을 만물의 창조주라고 부른 니케아 신조에서 눈에 보이지 않는 것들을 특별히 언급한 것은 아마 이러한 목적 때문일 것이다.

4. 또한 우리는 천사에 대한 추상적 사변에 빠지지 말고 성경의 증거를 찾아내야 한다.

우리는 모든 기독교 교리에서와 같이 신중과 근신의 한 가지 원칙 즉, 모호한 문제에 관해서는 하나님의 말씀이 우리에게 전해 주고 있는 것 이상으로 말하거나 추측하거나 알려고 애쓰지 않는다는 원칙을 고수해야 한다는 것을 기억하자.

그렇기 때문에 우리가 올바로 지혜롭기를 원한다면 할 일 없는 사람들이 하나님의 말씀을 근거로 하지 않고 천사들의 본성과 계급과 수효에 관해 가르친 저 공허한 사변을 버려야 한다.

신학자의 임무는 공허한 지껄임으로 귀를 즐겁게 하려는 것이 아니라 참되고 확실하며 유익한 것들을 가르쳐서 양심을 건강하게 하려는 데 있다.

5. 성경에 나타난 천사들의 명칭

성경의 여러 곳에서 우리는 천사들이 하늘에 속한 영(靈)들로서 하나님께서는 그가 명하신 모든 일들을 수행하시는 데 그들의 섬김과 봉사를 사용하신다는 것을 알 수 있다(예; 시 103:20-21).

그들은 명령이 떨어지면 즉시로 그것을 수행하기 위해 대기하고 있기 때문에 "천군"(눅 2:13)이라 불리운다.

진실로, 주께서는 그들을 통하여 그 손의 권능과 힘을 놀랍게 드러내고 선포하기 때문에, 그들은 능력이라고 불리운다(엡 1:21; 고전 15:24). 또한 하나님이 그들을 통하여 세상에서 그의 권세를 행사하고 베푸시기 때문에, 그들은 때로는 정사, 때로는 권세, 때로는 주관으로 불리운다(골 1:16; 엡 1:21; 고전 15:24). 마지막으로, 하나님의 영광이 어느 정도 그들 안에 내재하기 때문에 보좌라고도 부른다(골 1:16).

6. 신자들의 보호자요 돕는 자로서의 천사

천사들은 우리를 위한 하나님 은혜의 분배자요 관리자라는 것이다. 여러모로, 성경은 천사들이 우리의 안전을 위하여 늘 깨어 지켜주고 우리를 보호해 주며 우리 길을 인도해 주고 어떤 악한 재앙이 우리에게 임하지 않도록 우리를 보살펴 준다고 상기시켜 준다.

7. 수호 천사들

우리는 우리들 각자의 보호가 한 특정한 천사만의 책임이 아니라 오히려 모든 천사들이 한결같이 우리의 구원을 위해 시중들고 있다는 것을 사실로서 받아들여야 한다.

9. 천사들은 단지 관념적 존재가 아니라 실재이다.

확신이 없는 어떤 자들은 이의를 제기하겠지만 그러나 이 점은 확실히 주장되어야 하는데 그것은 곧 천사가 "부리는 영"(히 1:14)이라는 것이다. 하나님께서는 그들의 봉사를 통하여 자기 백성들을 보호하실 뿐만 아니라, 그들을 통하여 인간들에게 은혜를 나누어주고 다른 나머지 일들을 수행하신다.

바울이 디모데에게 그리스도 예수와 택하심을 받은 천사들 앞에서 그의 명령을 지킬 것을 부탁했을 때(딤전 5:21), 그는 천사들을 실체가 없는 속성이나 영감이 아니라 참된 영들로 이해했던 것이다.

10. 신적 영광은 천사들에게 속하지 않는다.

바울은 골로새서에서 그리스도가 모든 천사들보다 뛰어날 뿐만 아니라 그들이 갖고 있는 모든 선한 것들이 다 그로부터 나온 것이라고 대단히 정열적으로 주장한다(골 1:16,20)

바울이 이렇게 하는 것은 우리가 그리스도를 떠나서, 스스로 만족을 얻지 못하고 우리 인간과 같은 우물에서 물을 길어 마시는 천사들에게로 향하는 일이 없도록 하기 위함이다.

12. 천사로 인하여 주님께로만 향한 주의가 딴 곳으로 돌려져선 안 된다.

그러므로 천사들의 사역(事役)에 관하여 우리가 어떤 논의를 했든 간에, 우리는 모든 불신을 몰아내고 하나님께 대한 우리의 소망이 더욱 견고해 질 수 있도록 끝까지 주님만 응시하자.

그럼으로 천사들을 통해 하나님께 나아가려고 하고, 하나님으로 하여금 우리에게 더 가까이 오시게 할 목적으로 천사를 숭배한 저 플라톤 철학과는 작별해야 한다.

13. 성경은 원수에 대항키 위해 우리를 무장시킨다.

성경이 악령들에 관하여 가르치는 모든 것은 우리로 하여금 그들의 간교한 계교와 책략을 경계하고 이 가장 강한 적들을 정복할 수 있는 강력하고도 효능 있는 무기들로 우리를 무장하도록 일깨우는데 목적이 있다. 사단은 이 세상 신(고후 4:4), 이 세상 임금(요 12:31), 무장한 강한 자(눅 11:21; 마 12:20), 공중의 권세

잡은 자(엡 2:2), 우는 사자(벧전 5:8) 등으로 불리우는데, 사단을 이렇게 묘사한 목적은 우리로 하여금 더욱 주의와 경계심을 가지게 하고 그리하여 투쟁을 할 준비를 갖추게 하려는 것이다.

15. 화해할 수 없는 싸움

뿐만 아니라, 만일 우리가 우리의 구원에 유의하고 있다면, 이를 멸하기 위하여 부단히 올무를 놓고 있는 자들과는 결코 평화나 휴전 따위를 내세울 수 없다. 이에 대한 생생한 실례가 창세기 3장에 나오는데, 그곳에서 사단은 하나님으로부터 합당한 영광을 박탈하고 동시에 인간을 멸망의 구렁에 빠뜨려 버리기 위해 인간을 유혹하여 하나님께 당연히 해야 할 순종을 못하게 하였다(창 3:1-5). 또한 복음서에서도 마귀는 "원수"(마 13:28,29)라 일컬어지고, 영생의 씨를 부패케 하기 위하여 가라지를 뿌린다고(마 13:25)되어 있다.

전력을 다해 하나님의 영광과 인간의 구원을 소멸시키려는 그러한 성품은 전적인 타락 가운데 있음이 틀림없다.

16. 마귀는 타락한 피조물이다.

그리스도께서 사단이 "진리에 서지 못하고"라고 말씀하실 때, 전에는 그가 진리 가운데 있었다는 것을 암시한다.

우리는 불필요한 문제들을 붙들고 늘어지는 것보다는, 악령들의 성격에 관하여 다음과 같이 간략하게 요약하는 것으로 만족하자. 즉, 악령들은 처음에 하나님의 천사들로 창조되었으나, 타락으로 인하여 그들은 스스로 파멸을 초래했을 뿐만 아니라 남들까지도 파멸시키는 도구가 되었다.

즉 하나님은 범죄한 천사들과(벧후 2:4), 또 자기 지위를 지키지 아니하고 자기 처소를 떠난 천사들(유 6)(딤전 5:21)에 관해 말할 때, 그들을 버림받은 천사들과 넌지시 대조시킨 것이 틀림없다.

17. 마귀는 하나님의 권세 아래 있다.

사단이 하나님을 대적하고 사단의 역사가 하나님의 역사와 상반된다고 말할 때, 우리는 동시에 이러한 대항과 반대는 하나님의 허락에 의존한다고 주장한다.

하나님은 권능의 고삐로써 사단을 묶고 속박하기 때문에, 사단은 하나님께서 허락하시는 일만을 수행할 수 있다. 이리하여 사단은 하나님이 원하시는 바대로 하나님께 수종들지 않을 수 없게 되었으므로, 그가 원하든 원치 않든 창조주께 복종하고 있는 셈이다.

18. 승리의 확신

신자들은 이러한 원수들에 의해 동요될 수 있기 때문에 다음의 권고에 유의해야 한다. "마귀로 틈을 타게 하지 못하게 하라"(엡 4:27) "너희 대적 마귀가 우는 사자 같이 두루 다니며 삼킬 자를 찾나니 너희는 믿음을 굳게 하여 저를 대적하라"(벧전 5;8-9).

그리스도의 나라가 서면 설수록 그 권력은 무너진다. 이는 주님께서 "사단이 하늘로서 번개같이 떨어지는 것을 내가 보았노라"(눅 10:18)라고 친히 말씀하신 것과 같다. 왜냐하면, 주님께서는 이렇게 말씀함으로서 사도들이 전도의 능력에 관해 이야기했던 바를 확증시키기 때문이다.

그리스도는 죽음심으로 "사망의 권세"를 잡은 사단을 정복하셨고(히 2:14), 사단의 모든 군대가 교회를 해롭게 하지 못하도록 그들에 대해 승리하셨다.

 모든 불경건한 자들은 하나님의 진노의 그릇인 때문에 그들은 그들의 아비 마귀에게서 나왔다고 한다(요 8:44). 그 이유는 신자들이 하나님의 형상을 지녔기 때문에 하나님의 자녀인 것같이, 그들은 사탄의 형상으로 타락하였기 때문에 마땅히 사단의 자녀라고 할 수 있는 것이다(요일 3:8-10).

19. 마귀는 상상이 아니라 실재하는 존재이다

 우리는 앞에서 거룩한 천사들이 하나님께서 인간의 마음속에 일으킨 선한 충동 또는 영감에 지나지 않는다고 가르치는 저 무익한 철학사상을 논박했으며 또한 우리는 여기서 마귀가 우리의 육신으로부터 일어난 나쁜 감정이나 마음의 혼란에 지나지 않는다고 허튼 소리를 하는 자들도 논박해야 되겠다.

20. 창조의 위대함과 풍요함

 한편 우리는 가장 아름다운 극장 안에 분명히 드러나 있는 하나님의 역사들에게 경건한 기쁨을 취하기를 부끄러워하지 말 것이다.

 하나님께서 말씀과 성령의 능력으로 천지를 무(無)로부터 창조하셨고, 이어서 여러 종류의 생물과 무생물들을 만드셨고, 놀라운 계통에 의해 무수한 종(種)들을 구분하셨고, 각 종(種)들에게 고유한 특성과 할당된 기능, 지정된 위치와 지위를 부여하셨고, 게다가 비록 만물이 부패에 굴복되어 있지만, 그럼에도 불구하고 하나님께서는 마지막 날까지 각 종들의 보존을 고려하셨다는 사실이다.

22. 창조에 나타난 하나님의 선하심을 명상할 때 우리는 감사하고 의지하게 될 것이다.

이제 신앙과 보다 더 밀접한 관계가 있는 법칙의 둘째 부분이 남아있다. 즉, 그것은 우리의 유익과 구원을 위하여 하나님께서 만물을 예정해 놓으셨다는 것을 인식하고 동시에 우리 자신과 우리에게 베풀어주신 크신 은총 가운데서 하나님의 권능과 은혜를 느끼는 것이고 그럼으로써 그분을 의지하고 그분에게 기도하고 찬송과 사랑을 바치는 일에 분발하는 것이다.

제 15 장
창조된 인간의 본성, 영혼의 기능, 하나님의 형상, 자유의지, 인간성의 원래적 고결성.

1. 인간은 하나님의 손으로 흠없이 창조되었으므로 그 죄의 책임을 창조주께 전가시킬 수 없다.

그런데 우리 자신에 관한 지식은 이중적인 면을 갖고 있다. 다시 말해 그것은 우리가 처음 창조될 때의 우리의 모습을 아는 것과 아담의 타락이후 우리의 상태를 아는 것이다.

2. 육체의 영혼의 차이점

나는 "영혼"이란 말을 인간의 보다 고상한 부분인 불멸하지만 창조된 본질로 이해한다. 때로 그것은 "영"과 같은 것을 의미한다.

확실히 선과 악을 분별함으로써 하나님의 신판에 응답하는 양심은 불멸하는 영에 대한 확실한 증거이다. 실체가 없는 기운이 어떻게 하나님의 심판대에까지 통찰하여 자체의 죄 때문에 두려움을 느낄 수 있단 말인가?

따라서 영혼은 실체를 부여받았다는 것을 알 수 있다. 하나님에 대한 지식 자체는 이 세상을 초월하는 영혼의 불멸성을 충분히 입증해 주는데, 왜냐하면 영혼이 순간적인 에네르기라면 생명의 원천에까지 꿰뚫고 나아갈 수가 없기 때문이다.

만일 영혼이 그 자체의 고유한 실체를 갖지 않았다면, "영혼의 구원"(벧전 1:9)에 관한 베드로의 말이나 영혼을 깨끗하게 하자는 그의 권고나 또 "영혼을 거스려 싸우는 육체의 정욕"(벧전 2:11)이라는 증거도 전혀 근거없는 말이 될 것이다.

3. 인간 속에 하나님의 형상과 모양

또한 이 문제에 대한 믿을만한 증거는 인간이 하나님의 형상대로 창조되었다는 사실로부터 얻을 수 있다(창 1:27). 그것은 비록 하나님의 영광이 인간의 외형에서 비치고 있지만 본래 하나님의 형상이 내재하는 곳은 영혼이라는 사실은 의심할 여지가 없기 때문이다. 물론 나는 인간의 외형도 그것이 우리를 동물과 구별시켜 준다는 점에서 우리를 하나님과 더 밀접하게 관련지어 준다는 것을 부인하지 않는다.

그러나 나는 하나님의 형상이 이러한 외적 특징들에서 보이거나 나타나더라도 영적인 것이라는 사실이 확고부동한 원칙으로 간주된다면 지나친 논쟁은 하지 않을 것이다.

또한 "형상"(image)이란 말과 "모양"(likeness)이란 말에 대해서도 적지 않은 논쟁이 있는데, 그것은 "모양"이란 말이 설명을 위해 첨가된 사실을 제외하면 이 두 단어 사이에는 차이점이 없는데도 불구하고 해석가들이 있지도 않은 차이점을 찾아내려고 하기 때문이다. 첫째, 히브리어에는 반복법이 흔한데, 이를테면 한 가지를 표현하기 위하여 두 낱말이 사용된다. 둘째, 인간이 하나님과 닮았기 때문에 하나님의 형상이라고 불리운다는 사실 자체에는 전혀 모호한 점이 없다.

그러므로 영혼이 바로 인간이라고는 할 수 없지만, 인간이 그 영혼과 관련하여 하나님의 형상이라고 일컬어지는 것은 모순이 아니다.

그리고 하나님의 형상이 우선적으로 깃들여 있는 곳은 정신과 마음, 또는 영혼과 영혼의 능력이라고 하지만, 그러나 육체를 포함한 인간의 어느 부분에도 그 광채가 얼마만큼이라도 빛나지 않은 곳은 없었다.

우리는 천사들 역시 하나님의 모습을 따라 창조되었다는 사실을 부인해선 안된다.

4. 하나님 형상의 참된 속성은 성경이 그리스도를 통해 그것이 회복된다고 말하는 성경에서 찾아 볼 수 있다.

인간이 어떤 점들에서 탁월하며, 하나님 영광의 반영으로 생각될 수 있는지를 보다 명백히 알지 못한다면, 우리는 아직 "형상"이란 말의 정의를 완전하게 파악하지 못할 것이다. 참으로 이는 인간의 타락한 본성의 회복에 관한 언급에서 가장 잘 파악할 수 있다.

 그러므로 비록 하나님의 형상이 그 속에서 완전히 도말되고 파괴된 것은 아니지만 그 부패가 너무 심하여 남아있는 것은 무엇이나 무서우리만큼 추악하게 일그러졌다. 따라서 구원이라는 회복의 시작은 그리스도를 통한 회복 안에 놓여있다.

 바울은 중생할 때 더 풍성한 은혜를 받는다고 평가하였지만, 중생의 목표는 그리스도께서 우리를 하나님의 형상으로 개조시킨다는 원칙을 제거한 것은 아니다.

 바울이 이러한 갱신에 대해 주로 무엇을 포함시키는지 알아야 한다(엡 4:24-원시 의를 말함).

 이러한 표현 형식이 제유적이라는 것을 시인하지만, 하나님의 형상의 새롭게 하심에 있어서 가장 중요한 것은 창조에서도 최고 위치를 차지하였다는 이 원칙은 전복될 수가 없기 때문이다.

 이제 우리는 그리스도가 어떻게 해서 하나님의 가장 완전한 형상이신가를 안다. 만일 우리가 그리스도를 닮는다면, 우리는 참된 경건과 의와 순결과 지성을 가진 하나님의 형상으로 회복된다.

 나는 지금까지 언급된 "형상"이라는 말속에는 영적이고 영원한 생명과 관련된 것도 포함된다는 사실이 충분히 입증되었다고 본다.

 그러나 하나님의 형상은 하늘에서 완전한 광채를 발하게 될 것이다.

 하나님의 형상은 마땅히 인간 외부에서가 아니라 인간 내부에서 찾아져야 하는 까닭에, 진실로 그것은 영혼의 내적 선(善)인 것이다.

6. 영혼과 그 기능들

우리는 성경으로부터 영혼이 무형의 실체라고 앞에서 말했다.

그것은 육체 속에 놓여 있고 육체를 집으로 삼아 그 속에 거한다는 사실을 덧붙인다. 그것은 영혼이 육체의 전 부분들을 살리고 육체의 기관을 활동할 수 있게 할뿐만 아니라, 인간의 삶을 다스리는데 있어서 최고의 지위를 차지하여 인간으로 하여금 지상 생활의 의무를 이행하게 하고 동시에 하나님을 공경하도록 일깨워주기 위함이다.

그러나 인간이 천상 생활을 명상하면서 살도록 지음 받았다는 데에 논쟁의 여지가 없는 것과 마찬가지로, 그것에 대한 지식도 인간의 영혼 속에 새겨져 있다는 것도 확실하다.

따라서 영혼의 주요 활동은 그것에 도달하기를 갈망하는데 있다.

7. 참된 기본적 기능으로써 오성과 의지

우리는 우리의 현재 의도에 맞추어, 인간의 영혼이 오성과 의지라는 두 기능으로 구성되어 있다고 생각하자. 또한 오성의 임무는 오성이 선하다고 선언하는 것을 채택하여 따르지만 오성이 비난하는 것을 거부하고 피하는 일이라고 생각하자.

오성은 말하자면 영혼을 인도하고 주관하는 자이며, 의지는 오성의 명령에 항상 주의하여 그 자체의 욕망에 있어서 오성의 판단을 기다린다는 것으로 만족하자.

제 16 장
하나님께서는 창조하신 세상을 권능으로 양육하시고 유지하시며, 세상의 모든 부분들을 자신의 섭리로써 다스리신다.

1. 창조와 섭리는 분리될 수 없다.

하나님이 창조주라는 것을 발견하는 즉시, 그가 하늘의 체계뿐만 아니라 그것의 여러 부분들을 보편적인 운동에 따라 움직이실 뿐만 아니라 그가 만드신 모든 것은 보잘 것 없는 참새 한 마리까지도(참조, 마 10:29) 붙드시고 양육하시고 돌보신다는 점에서 또한 영원한 통치자요 보존자라는 결론을 내려야 할 것이다.

2. 운명이나 우연같은 것은 없다.

인간의 육적(肉的)인 이성은 이 모든 사건들을, 그것이 다행이든 불행이든 운명의 탓으로 돌릴 것이다.
그러나 우리는 만사가 하나님의 감춰진 계획에 의해서 주관된다고 생각할 것이다. 또 무생물에 대해서도 우리는 그것들이 각각 독특한 성질을 부여받았다 하더라도 하나님의 손에 의하여 끊임없이 지배받는 한에서 그 힘을 발휘할 수가 있다고 보아야 한다.

3. 하나님의 섭리는 모든 것을 주관한다.

만일 하나님의 지배가 그의 피조물 전체에 미치고 있다면, 이것을 자연의 흐름이라는 틀 속에 끼워 맞추는 것은 유치한 억측이다.
우리가 두려워하는 모든 해로운 것들은 그 근원이 무엇이든 간에 하나님의 지배 아래 있고, 하나님의 권세는 사단과 그의 모든 포악한 영들과 전 군대를 제압하고, 우리의 안전을 가로막는 모든 것은 그의 명령 하에 있다.

하나님의 아심과 뜻하심에 의해 정해진 것을 제외하고는 아무런 일도 일어나지 않도록 피조물들이 하나님의 은밀한 계획에 의해 주관된다는 것을 항상 명심해야 한다.

4. 섭리의 성격

섭리란 하나님께서 하늘에서 땅위에서 일어나고 있는 것들을 빈둥거리며 관망하는 것을 의미하는 것이 아니라 하나님께서 열쇠를 쥔 자로서 세상 만사를 주관하는 것을 의미한다는 것이다.

나는 일반적 섭리에 관하여 말한 것을 전적으로 거부하지 않는다.

5. 하나님의 섭리는 또한 개개의 사건을 주관한다.

다윗은 하나님의 일반적인 섭리를 찬양하여, 하나님을 향해 우는 까마귀 새끼에게 하나님이 먹을 것을 주신다(시 147:9)고 하였다.

그리스도는 가치 없는 작은 참새 한 마리도 아버지의 뜻이 아니면 결코 땅에 떨어지지 않는다고 말씀하신다(마 10:29). 새들이 날아다니는 것까지도 하나님의 정하신 계획에 의해 지배되고 있다면, 분명히 우리는 선지자와 더불어 하나님은 높은 위에 앉으셨으나 스스로 낮추어 천지를 보살피신다는 것을 고백해야만 한다(시 113:5-6).

6. 하나님의 섭리는 특별히 인간에게 관계 있다.

예레미야는 "여호와여 내가 알거니와 인생의 길이 자기에게 있지 아니하니 걸음을 지도함이 걷는 자에게 있지 아니하리이다"(렘 10:23)라고 부르짖는다. 또한, 솔로몬도 "사람의 걸음은 여호와께로서 말미암나니 사람이 어찌 자기의 길을 알 수 있으랴"(잠 20:24; 16:9)라고 말한다.

성경은 세상에는 하나님의 결정없이 착수되는 일이 하나도 없다는 것을 보다 분명히 나타내기 위하여 가장 우연적이라고 보이는 것까지 하나님의 통제 아래 있다는 것을 보여준다.

8. 섭리론은 결코 스토아 학파의 운명론이 아니다!

비록 우리는 용어를 가지고 논쟁하기를 원치 않지만 "운"이란 말은 용납할 수가 없다. 왜냐하면, 그 말은 바울이 우리에게 공허한 것이라 가르쳐 준 호기심을 자극하는 망령된 말 중의 하나이기 때문이며(딤전 6:20), 또한 사람들은 그 말에 대한 혐오감을 이용하여 하나님의 진리를 누르려고 애쓰기 때문이다.

우리는 스토아 학파와 같이 자연 속에 포함되어 있는 원인들의 계속적인 연결과 밀접한 관련으로부터 필연을 창출하는 것이 아니라 하나님을 영원 전부터 자신의 지혜에 따라 그가 하고자 하시는 일을 정하셨고 지금은 그의 권능으로 그가 정하신 일을 수행하고 계시는 만물의 통치자요 지배자로 보는 것이다. 여기에서 우리는 하늘과 땅과 무생물들뿐만 아니라 인간들의 계획과 뜻까지도 하나님의 섭리에 의해 주관되어 정해진 목적을 따라 곧장 향하고 있다고 단언한다.

제 17 장
이 교리를 우리의 최대 유익을 위해 적용하는 법

1. 하나님의 길에 대한 의미

인간은 공연히 난해한 문제에 치우치는 경향이 있으므로, 이 교리의 유익하고도 올바른 사용을 고수하지 않는 사람은 스스로 헤아릴 수 없는 어려움에 말려들게 될 것이다. 그러므로 여기에서 만사가 하나님에 의해 정해져 있다고 성경이 가르치는 목적이 무엇인지를 간단하게 논의하는 것이 유익할 것이다.

참으로 세 가지 점들을 유의해야 한다. 첫째로, 하나님의 섭리는 과거 뿐 아니라 미래와 관련시켜 숙고되어야 한다. 둘째로, 하나님의 섭리는 때로는 매개물을 통해 때로는 매개물 없이 때로는 매개물에 반(反)하여 역사 한다는 점에서, 그것은 만사의 확정적인 원리가 된다. 마지막으로, 하나님의 섭리는 하나님께서 온 인류를 향해 관심을 기울이신다는 목적을 향해 나아간다. 그리고 또한, 비록 아버지로서의 사랑과 자비 또는 심판의 엄중함이 종종 섭리의 전 과정에 나타나지만 그럼에도 불구하고 사건들의 원인은 때로 감추어져 있다는 점도 추가될 수 있겠다.

2. 하나님의 법을 경외하는 마음으로 지켜봐야 한다.

그러므로 자기의 창조주요 우주의 조성자이신 분과 동업한다고 생각하고 또 두려움과 경외하는 마음으로 자신을 겸손히 순복시키는 사람들만이 하나님의 섭리를 올바르고 유익하게 고찰 할 수 있을 것이다.

세계를 지배하는 그의 놀라운 방법은 심연이라 불리우는 것이 정당한데, 그 이유는 그것이 우리에게 감추어져 있는 동안 우리는 마땅히 경외하는 마음으로 그것을 받들어야 하기 때문이다.

비록 그 원인이 우리에게 감추어져 있을지라도 항상 정당한 일만을 흘려내는 만사의 결정적 원리 곧 섭리를 가리키는 것이다.

6. 하나님의 섭리는 신자들의 위로가 된다.

그러므로 그리스도인들의 마음은 만사가 하나님의 계획에 의하여 일어나며 하나도 우연히 일어나지는 않는다고 철저히 믿고 있으므로 하나님을 만사의 제 일 원인으로서 주목할 것이지만, 이차적인 원인들에도 적절하게 기울일 것이다.

나는 여기서 인류에 관해서만 말하는 것이 아니다. 하나님께서 교회를 그의 거처로 택하셨기 때문에 그는 이를 다스리시는데 있어서 아버지로서의 배려를 특별한 증언에 의해 나타내신다는 것은 확실하다.

7. 번영 속에서의 하나님의 섭리

번영할 때에는 마음으로부터 감사하게 되고 역경에 처할 때에는 인내하며, 또한 장래 일에 대한 염려에서 놓이게 된다는 것은 필연적인 결과이다. 그러므로 하나님의 종들은 자기 마음의 소원대로 형통하게 일이 진행되어 가더라도, 사람들의 봉사를 통하여 도움을 받았든 무생물로부터 도움을 받았든, 전적으로 하나님의 은혜라고 여기는 것이다.

8. 하나님의 섭리에 대한 확신은 모든 역경 속에서 우리를 돕는다

하나님의 종은 어떤 역경이 닥쳐올지라도 곧장 그의 마음을 하나님께로 향할 것이며, 하나님의 손은 가장 훌륭히 인내와 온건의 정신을 우리에게 새겨주실 수 있다.

하나님의 섭리를 명상하는 법을 터득하여 언제나 주께서 원하신 것이니 받아야 한다.

요컨대 우리가 어떤 사람들에게 부당한 모욕을 당했을 때 그들의 악한 행위(그것은 우리의 아픔을 더 악화시키고 우리의 복수심을 더 날카롭게 할 것이다)를 간과하고 하나님께로 마음을 들어올려서 우리의 원수들이 우리에게 아무리 악한 일을 저질렀을지라도 그것이 하나님의 공의로운 경륜에 의해서 허락되고 보내진 것이라는 사실을 확실히 받아들이는 법을 터득하도록 하자.

제18장
하나님께서는 불경한 자들의 활동을 사용하시고 그들의 마음을 굴복시켜 자신의 심판을 수행하시며 자신은 어떤 더러움으로부터도 순결하시다

1. 단순한 "허락"이 아니다
사람들이나 사단이 무슨 일을 꾀하든지, 하나님께서 그 열쇠를 쥐고 계셔서 그들의 노력들을 이용하여 그의 심판을 수행하시는 것이다.

거짓된 아합 왕이 속임을 당한 것도 하나님이 뜻하신 것이고, 마귀는 이 목적을 위하여 그에게 봉사한 것이다.

마귀는 모든 선지자들의 입에서 거짓말하는 영이 되라는 분명한 명령을 받고서 보냄을 받는다(왕상 22:20,22).

2. 하나님의 충동은 어떻게 인간 안에서 일어나는가?

하나님께서 종종 사단의 중재에 의하여 악한 자들 가운데 활동하시지만 그러나 사단이 그러한 방법으로 하나님의 충동에 의해 자기 직분을 수행하고 전진할 수 있음을 나는 고백한다. 악령이 사울을 괴롭히지만, 그것이 하나님으로부터 온 것이라고 말한다(삼상 10:14)

하나님의 뜻은 만사의 원인이라고 말하기 때문에, 나는 하나님의 섭리를 모든 인간의 계획과 이들에 대한 결정적 원리로 보았다. 이는 성령의 다스림을 받는 선택된 자들 속에서 하나님의 섭리가 효력을 발휘하게 할뿐만 아니라 사악한 자들도 순종케 하기 위함인 것이다.

3. 하나님의 의지는 모순이 없다

선지자는 "오직 우리 하나님은 하늘에 계셔서 원하시는 모든 것을 행하셨나이다"(시 115:3)라고 선포한다.

하나님께서는 자신이 빛도 짓고 어두움도 창조하며 선도 짓고 악도 짓는다(사 45:7)고 선언하시고, 자신의 시키심이 아니면 어떤 악한 일도 일어나지 않는다(암 3:6)고 선언하신다.

떨어진 도끼에 우연히 맞아 죽은 사람은 하나님에 의해 살인자의 손에 넘겨졌다는 것이다(신 19:5;참조, 출 21:13).

그리고 만일 그리스도께서 하나님의 뜻을 따라 십자가에 못 박혀 죽지 않았더라면, 우리의 구속은 어디서 오겠는가? 그러므로 하나님의 의지는 스스로 모순을 내포한 것도 아니고 변하거나 그가 뜻하신 것을 뜻하지 않은 체하지도 않는다.

4. 하나님께서 자신의 목적을 위해 불경한 자들의 행위를 이용하실 때에도 비난을 당하지 않으신다.

하나님께서 그의 은밀한 판단에 의하여 정해 놓은 것을 악한 자들을 통해 성취하시지만, 그렇다고 해서 그들은 자기들의 정욕으로 인해 고의적으로 하나님의 명령을 범하므로 마치 그것에 순종한 것처럼 용서받을 수 있는 것이 아니다.

나는 이미 어떻게 동일한 사건 속에서 인간의 악행과 하나님의 의가 드러나는지를 분명하게 설명하였다.

즉 "하나님께서 악한 자들의 마음속에서도 그가 원하는 대로 역사 하시며 또 그들의 공적에 따라 보응하실 때 이런 심판들을 인해 누가 떨지 않을 것인가?"

그러므로 어거스틴은 다른 곳에서 하나님께서는 인간이 무엇을 할 수 있느냐 또는 무엇을 했느냐를 묻지 않으시고, 무엇을 하려고 뜻했느냐를 조사함으로써 그들의 목적과 의지를 참작하신다고 올바르게 지적한다.

제II권
그리스도 안에 나타난 구속자로서의 하나님에 대한 자식

●

처음에는 율법으로 조상들에게,
그 다음에는 복음으로 우리에게 계시되었다.

제 1 장
원죄론: 아담의 타락과 반역으로 전 인류가 저주에 놓이게 되었고 그 원상태에서 부패하였다.

1. 자신에 대한 그릇된 지식과 올바른 지식

우리 자신에 대한 지식은, 첫째 우리의 본래적 탁월성이 손상되지 않고 남아 있기만 했더라면 그것이 얼마 위대한 것인가를 알고, 그와 동시에 우리 안에 우리 자신의 것은 하나도 없고 모든 것이 하나님이 우리에게 부여해 주신 것이라는 사실을 기억하기 위하여, 우리가 창조시에 얼마나 좋은 것을 받았고 하나님이 우리에게 그의 자비를 얼마나 풍부하게 베풀어 주시는가를 깊이 생각하는 것이다. 둘째로 아담의 타락 후에 처한 우리의 비참한 신분을 생각해 보는 것인데, 이에 대한 자각은 우리의 모든 자랑과 자기 확신이 없어질 때, 진실로 우리를 겸손하게 하고 수치심에 사로잡히게 한다. 우리의 마음이 덕행을 추구하고 영원한 생명을 깊이 생각하도록 태초에 하나님은 자기의 형상을 따라 우리를 지으셨다(창 1:27). 따라서 우리 인간을 야수(野獸)와 구별시켜주는 위대한 고귀성이 우리 자신의 우둔한 재치 밑에 사장되지 않도록 하기 위해서는 우리가 이성과 분별력을 부여받았고 거룩하고 올바른 삶을 영위함으로 영생복락이라는 궁극적 목표에 도달할 수 있다는 것을 인식해야 할 필요가 있다.

3. 자기 인식이 갖는 주요한 두 가지 사항

인간이 자신에 대하여 알아야 할 지식을 두 가지로 나누어 살펴보자. 첫째 인간은 무슨 목적을 위하여 창조되고 귀한 은사를 받았는가 하는 것을 깊이 생각해 보아야 한다. 이 지식을 가지고 그는 하나님 경배와 장래의 삶에 대하여 깊이 명상해 보아야 한다. 둘째로 그는 자신의 능력, 아니 자신의 능력부족을 생각해 보아야 한다.

첫 번째 자각은 인간이 자신의 의무의 본질을 인식하게 해 주고, 두 번째 자각은 자신이 그 의무를 수행할 능력이 없음을 인식하게 해준다.

5. 원죄로서의 최초의 죄

그의 창조주에게 연합되어 살아가는 것이 아담의 영적 생활이었던 것만큼, 그로부터 떨어졌다는 것은 곧 영혼의 죽음을 말한다.

범죄로 말미암아 그의 안에서 하나님의 형상이 상실된 후, 그의 후손 전체까지 이 비참한 불행에 빠지게 했던 것이다.

8. 원죄의 특성

원죄라는 것은 우리 영혼의 모든 부분에 퍼져 있는 우리 본성의 유전적인 타락과 부패를 말하는 것인데, 첫째 우리로 하여금 하나님의 진노 아래 놓이게 하며 다음으로 우리 안에 성경이 "육신의 일"(갈 5:19)이라고 말하는 것들을 가져오게 한다.

제 2 장

인간은 지금 선택의 자유를 박탈당하여 비참한 노예 상태에 있다.

7. 인간은 필연적으로 죄인이다.

인간이 이같이 자유 결정권을 지니고 있다고 언급되는 것은 선악에 대하여 똑같이 자유 선택을 할 수 있기 때문이 아니라, 오히려 강제가 아닌 의지에 의하여 악한 행위를 하기 때문이다. 이것은 사실이다.

인간이 억지로 죄를 섬기는 것은 아니지만 그는 "자발적인 노예"가 되어 그의 의지는 언제나 죄의 착고에 묶여 있다.

인간의 성품은 본래 거짓으로 기울어지므로 그는 장황한 변론으로부터 진리를 얻어내기보다는 오히려 재빨리 잘못을 끌어 낼 것이다.

8. 어거스틴의 "자유 의지론"

"인간의 의지는 성령이 없이는 자유롭지 못하다. 왜냐하면, 그 의지를 속박하고 지배하는 정욕에 예속되어 있기 때문이다."

인간이 창조되었을 때 자유의지라는 큰 능력을 받았으나, 죄를 지었기 때문에 그것을 상실하고 말았다는 것이다.

12. 인간은 초자연적 은사는 박탈당하였고 자연적 은사는 부패되었으나 인간과 짐승을 구별시켜 주는 이성은 남아 있다.

나는 어거스틴으로 부터 빌려온 공통적인 견해, 즉 자연적 은

사는 죄 때문에 부패되었고 초자연적 은사는 그로부터 제거되었다는 견해에 동의한다. 여기서 둘째번 말, 즉 초자연적 은사는 그것이 천상생활과 영생복락을 얻는데 충분한 의 뿐만 아니라 신앙의 빛을 말하는 것이라고 한다. 그러므로, 하나님의 나라에서 추방당할 때 그는 동시에 영원한 구원의 소망을 바라보기 위해 갖추어야 할 영적 은사들은 박탈당한다.

오성과 판단의 잔재가 의지와 함께 다소 남아있다 하더라도 우리는 너무 약하여 깊은 흑암에 빠져버린 정신을 완전하고 건전하다고 부르지는 않을 것이다. 따라서 의지의 부패는 너무나 잘 알려져 있다.

13. 세상적인 것들과 인간 공동체에 대한 오성의 능력

"지상적인 것들"이란 하나님이나 그의 왕국, 그의 참된 의, 혹은 내생의 복락 등과 관계되지 않으나, 현재의 삶에 관련되는 의미를 지니고 어떤 의미에서는 그 테두리 안에 제한되어 있는 것들을 말한다. 그리고 "천상적인 것들"이란 하나님에 대한 순수한 지식, 진실로 의로운 본성 및 하늘나라의 신비를 뜻한다.

15. 하나님의 은사로서의 과학

만약 우리가 하나님의 성령을 진리의 유일한 기초로 본다면, 우리가 하나님의 성령을 모독하고자 하지 않는 한 진리 자체를 거부하지 않을 것이며 또 그것이 어느 곳에 나타나든지 경멸하지는 않을 것이다.

16. 예술과 과학에서의 인간의 능력 역시 하나님의 영으로부터 온다.

우리들은 하나님이 인류의 공정성을 위하여 그가 원하는 사람들은 누구에게나 나누어주는 거룩한 성령의 가장 뛰어난 은사들을 잊어서는 안 된다.

만약 여호와께서 우리가 물리학이나 변증법, 수학 및 기타 학문을 배우는 데 신앙이 없는 자들의 업적이나 봉사의 도움을 받기 원하신다면, 그들의 도움을 이용하도록 하자.

18. 오성의 한계

철학자들의 글 가운데는 우연히 진리의 물방울이 뿌려져 있기는 하지만 많은 기괴한 거짓말이 그것들을 더럽히고 있다.

그러므로 인간의 이성은 참 하나님은 누구인가 또는 그분은 우리에게 어떤 하나님이 되기를 원하는가를 이해한다는 이 진리에 접근하지도 않고 그것을 목적으로 하지도 않는다.

20. 하나님에 대한 인간의 지식은 하나님의 자신의 역사이다.

우리는 우리의 내적 스승인 성령께서 우리의 정신에 그 길을 보여주지 않는다면 힘써 그를 전파해도 아무 소용이 없다.

확실히 성령님께서 놀랍고 비범한 능력으로 우리 귀로 듣게 해주시고 우리의 마음으로 깨닫게 해준다.

이제 우리가 깨달아야 할 것은 하나님 나라에 들어가는 길은 그 마음이 성령이 조명을 받아 새롭게 된 자에게만 열려있다는 사실이다.

27. 우리 의지는 성령의 도움 없이는 선을 추구할 수 없다.

　인간 존재 전체가 죄의 권세아래 놓여 있다면 틀림없이 죄의 주요한 자리인 의지는 가장 튼튼한 끈으로 묶어야 할 필요가 있다. 만약 어떤 의지가 성령의 은혜보다 앞에 온다면 "너희 안에서 행하시는 이는 하나님이시니…"(빌 2:13)라는 바울의 말은 성립되지 않을 것이다.

　우리는 또한 기도하고 싶은 욕구마저 하나님으로부터 오는 것이라는 사실을 유의하지 않으면 안된다.

제3장
인간의 부패한 성품에서 나오는 것은 오직 저주받은 것뿐이다

1. 인간 전체는 육(肉)이다.

　영과 육은 너무 대조적이어서 그 중간에 어떤 것도 용납하지 않는다. 따라서 인간에게 있어서 영적이 아닌 것은 무엇이든 이런 이유에서 "육적"이라고 불린다. 그러나, 우리는 중생을 통하지 않고서는 성령을 절대로 받을 수 없다. 그러므로 우리가 나면서부터 갖고 있는 것은 모두 육인 것이다.

4. 정직은 하나님이 주신 은사이나 인간의 본성은 타락되었다.

　하나님을 영화롭게 하고자 하는 열심, 즉 성령에 의하여 거듭나지 않은 모든 사람들에게는 정직의 주요 부분이 결핍되어 있는 것이다.

하나님의 심판석 앞에서는 의롭다함을 받는데에 아무가치도 없을 것이다.

8. 성경은 우리에게 유익한 모든 것을 하나님께 돌리고 있다.

분명히 선이 하나님 한 분으로부터 기원한다고 믿는 데에는 쉽고도 충분한 근거가 있다.

성경 전체는 믿음이란 하나님의 거저 주시는 선물이라고 선포하므로, 나면서부터 전심으로 악을 행하도록 되어있는 우리가 선을 의지하기 시작할 때 그것은 오직 은혜 때문이라는 말이다.

제 4 장
하나님은 인간의 마음속에서 어떻게 역사 하시는가

1. 인간은 사단의 권세 아래 있으며, 스스로 그 지배 아래로 들어간다.

우리는 인간이 죄의 멍에 완전히 사로잡혀 있기 때문에 자신의 본성으로서는 결심을 통해 선을 갈망하거나 노력을 통해 그 선을 추구할 수 없다는 사실을 충분히 입증했다고 생각한다.

어거스틴은 어디에선가 인간의 의지를 기수(騎手)의 명령을 기다리는 말에 비유하고 하나님과 마귀를 기수에 비유하고 있다.

자연인의 의지는 마귀의 주권 아래 놓여 있으며 그 권세에 의해 움직인다고 사람들은 말한다.

그 의지가 마귀의 간계에 사로잡혀 필연적으로 마귀가 인도하는 대로 따른다는 뜻이다. 왜냐하면, 여호와께서 그의 성령으로 인도할 가치가 없다고 생각하는 사람들을 의로운 심판으로서 사단의 행동에 내어주기 때문이다.

2. 하나님과 사단 그리고 인간이 같은 사건에서 활동한다.

사단 자신은 하나님의 진노의 도구이기 때문에 하나님의 공정한 심판을 집행하기 위하여 그의 지시와 호령에 따라 이리저리 움직인다는 점을 알아야 한다.

같은 행위를 동시에 하나님과 사단과 인간에게 돌린다고 해도 모순점이 없다는 것을 알게 된다. 그러나 목적과 방법에 있어서의 구분이 하나님의 의로 하여금 흠없이 빛나게 해주고, 반면에 사단과 인간의 불의는 그 자체의 수치로 인하여 자신을 폭로하게 된다.

3. "강퍅"이란 무엇을 의미하는가?

하나님께서는 매우 빈번하게 버림받은 자들을 눈멀게 하고, 강퍅하게 하며, 또 그들의 마음을 전환시키고, 굽히고, 강요한다고 한다(예; 사 6:10).

하나님께서 자신의 진노를 전하는 사단을 시켜 그의 심판을 집행하기 위하여, 그가 원하시는 대로 인간의 목적을 정하고 그들의 의지를 자극시키며 그들의 노력을 굳게 하신다는 것이다.

4. 하나님이 악인을 어떻게 다루는가를 보여주는 성경적 실례들

하나님께서는 불신자들을 호각으로 불러모으고(사 5:26, 7:18) 그들을 올무로 사용하며(겔 12:13, 17:20), 또 방망이로 사용하여(렘 50:23) 이스라엘 백성들을 위협한다.

"사람들이 죄를 짓는다는 사실은 그들 자신의 행위와 관련된다. 그리고 그들이 죄를 지음으로 이런 저런 일을 한다는 것은 당신이 원하는 대로 흑암을 나누는 하나님의 권능으로부터 유래한다."

제 5 장
자유 의지를 변호하기 위한 통상적 논리들을 반박함

8. 몇몇 계명은 우리가 은혜가 없이는 아무것도 할 수 없다는 것을 명백히 보여준다.

(1) 율법과 선지서에서 여호와께서는 우리에게 흔히 그에게 돌아오라고 명령하고 있다(욜 2:12; 겔 18:30-32; 호 14:2이하)

(2) 둘째 종류의 교훈은 간단하다. 즉, 이것들에 의해 우리는 하나님을 공경하고, 그의 뜻을 섬기며 준행하고, 그의 명령을 지키며, 그의 가르침을 따르게 된다. 그러나 우리가 가질 수 있는 의와 성결, 경건 및 순결은 모두 하나님의 은사임을 증거하는 구절은 수없이 많다.

(3) 세 번째 종류의 교훈은 바울과 바나바가 신자들에게 권면한 것인데, 누가가 말한대로 "항상 하나님의 은혜 가운데 있으라"는 말이다(행 13:43).

9. 회개는 하나님과 인간의 협력으로 되는 것이 아니다.

주님께서 우리들에게 율법에의 복종을 명하셨으므로 우리에게 그것을 수행할 능력이 있다고 좋아하는 것은 당치도 않는 말이다. 그것은 하나님의 모든 명령들을 수행하기 위하여는 입법자의 은총이 필요하고 또 그것이 우리들에게 약속되어 있다는 것이 명백하기 때문이다.

15. "행위"는 하나님의 선물에 의해 우리 것이 되지만, 그 선물 주심으로 인해 하나님의 것이 된다.

우리의 의지는 하나님의 은혜로부터 떠나서는 그 자체가 아무 것도 할 수 없기는 하지만, 우리 자신은 하나님의 성령이 우리 안에서 역사하고 있는 것을 적절히 행하고 있다고 말하지 않을 수 없다.

19. 누가복음 10:30

하나님의 말씀은 인간을 "반쯤 살려"두지는 않으며, 도리어 복된 삶에 관한 한 아주 죽어버렸다고 가르쳐 준다. 바울이 우리의 구속을 "허물로 죽은 우리를 그리스도와 함께 살리셨고"(엡 2:5)라고 말했을 때, 그는 성도들을 "반쯤 살았다"고 부르지는 않았다. 그는 반쯤 살아있는 사람들에게 그리스도의 광명을 받으라고 호소하지 않고, 죽어 묻힌 사람들에게 빛을 받으라고 했다(엡 5:14). 같은 방식으로 주님께서 친히 "죽은 자들이 하나님의 아들의 음성을 들을 때가 오나니"(요 5:25)라고 말씀하신다.

제 6 장
타락한 인간은 그리스도 안에서 구속을 구해야만 한다.

1. 중보자만이 타락한 인간을 도우신다.

우리가 생명에서 사망으로 타락하였으므로 우리가 지금까지 논의한 창조주 하나님에 관한 모든 지식은 믿음이 수반되어 우리에게 그리스도 안에서 하나님 우리 아버지를 제시하지 못한다면 쓸모도 없을 것이다. 본래의 순서대로 한다면 우주의 구조는 우리가 경건성을 배우는 학교가 되어야 하며, 그것으로부터 영생과 완전한 행복으로 옮겨가야 한다.

십자가의 도를 전하는 것이 우리 인간의 성향에 맞지 않는다 하더라도 우리가 그로부터 절단된 조물주요 창조주이신 하나님에게 돌아가 그를 다시 우리의 아버지로 삼기 위해서 우리는 겸손히 이 말씀을 받아야 한다. 틀림없이 최초의 인간이 타락한 이후 중보자를 떠난 하나님에게 대한 지식은 구원에는 아무런 힘도 미치지 못한다(롬 1:16; 고전 1:24).

따라서 성경이 일반적으로 구원으로 들어가는 유일한 문(요 10:9)이라고 가르치고 있는 그리스도의 은총을 떠난 모든 불경된 자들과 불신자들에게 천국을 열어주는 사람들 이야말로 한층 더 우매하고 사악하다.

요한은 태초부터 생명이 그리스도안에 있었으며(요 1:4) 또 모든 세계가 그로부터 떨어졌다고(요 1:10)가르치고 있기 때문에 그 근원으로 돌아가는 것이 반드시 필요하다. 또한 그리스도께서는 자신이 화해자이기 때문에 "생명"이 된다고 말씀하신다(요 11:25; 14:6). 분명히 하늘의 기업은 하나님의 자녀들에만 속한다(마 5:9-10참조). 더구나 독생자의 몸에 접붙임되지 않은 사람들이 하나님 자녀의 지위와 신분을 지니는 것은 매우 불합리하다.

2. 심지어 옛 언약도 중보자 떠나서는 은혜로운 하나님을 믿을 수 없다고 선언하였다.

중보자를 떠나서는 하나님께서 옛날 이스라엘 백성들에게 은혜를 베풀지 않았으며, 또 지금까지 은총의 소망도 준 일도 없다. 나는 여기서 율법의 희생제사에 대해서는 생략하지만 이들 제사들은 그리스도 한 분만이 수행하는 구속을 떠난 다른 곳에서는 구원을 발견하지 못한다는 사실을 신자들에게 명백하게 가르쳐 주었다. 나는 교회의 복되고 행복한 상태란 언제나 그 터전을 그리스도의 위격에 두었다고 말하고 있다.

아브라함의 씨는 주로 한 머리(長) 안에서 고려되어야 하며 그리스도께서 나타나 흩어져 있던 자들을 다 모을 때까지는 약속된 구원이 실현되지 않는 다는 것은 분명하다. 따라서 선민의 최초의 선택은 순전히 중보자의 은혜에 근거한 것이었다.

결론으로 말하면 이렇다. 즉, 하나님께서는 그의 교회를 보존하시기를 원했으므로 그 안전과 구원을 그 머리에 의존하도록 하신 것이다.

3. 구약의 믿음과 소망은 약속에 근거한다.

간단히 말해 모든 선지자들은 하나님의 자비하심을 보여주기 위하여 구속과 영원한 구원이 달려있는 다윗의 왕국을 애써 선포하였다.

이것은 "다윗의 가문에서 다시 한 번 왕의 영광을 일으킬 것이며, 현재 그리스도 안에서 성취된 구원의 유일한 표준을 제시할 것이다"라는 뜻이다.

"여호와는… 그 기름 부음을 받은 자의 구원의 힘이요 … 여호와여 구원하옵소서 …"(시 28:8-9).
여기서 구원은 머리로부터 전신에 흘러내린다.

4. 하나님께 대한 믿음은 그리스도에 대한 믿음이다.

하나님께서는 유대인들이 이들 여러 예언들을 통하여 교훈을 받아 구원을 얻기 위해 그들의 눈이 직접 그리스도에게 향할 수 있기를 원하셨다.

다윗에게 언약된 대로 하나님께서는 그리스도의 손을 통하여 교회의 구원자가 되시며, 또 하나님께서 그 선민을 택정함으로 값없이 주신 은혜의 계약이 견고하게 될 것이라는 것이다.

나는 하나님이 신앙의 대상이라는 일반적인 말을 받아드리지만, 이것은 조건이 필요하다. 왜냐하면, 그리스도께서 아무런 이유없이 "보이지 아니하시는 하나님의 형상"(골 1:15)이라고 불리지는 않기 때문이다.

많은 사람들이 한 때 천지의 조물주이신, 지존하신 하나님을 경배한다고 자랑할지라도 그들에게는 중보자가 없었기 때문에 그들이 그리스도를 그들의 머리로 보유하지 않았으므로 그들이 소유했던 하나님에 대한 지식은 덧없는 것이었다.

그리스도를 받아들이지 않고 있는 한 그것은 참 하나님 대신에 우상을 대치시키는 것에 지나지 않는다.

제7장
율법을 주신 목적은 구약 백성을 그것으로 얽매기 위한 것이 아니라, 그리스도 안에서 오실 때까지 구원의 소망을 배양시키는데 있다.

1. 중보자는 타락한 인간만 도와준다.

율법은 택한 백성들을 그리스도로부터 분리시키려고 주어진 것이 아니라 그들의 마음을 그가 올 때까지 준비시켜 줄뿐만 아니라, 그의 오심이 너무 지체됨으로 그들이 약해지지 않도록 주님을 바라는 마음에 불을 붙이고 그들의 기대감을 강화시키기 위해 주어진 것이다.

만일 여기에(율법) 어떤 영적인 목적이 없었더라면 유대인들은 이방인이 그들의 망령된 종교 의식에 빠져 있던 것과 꼭같이 이러한 의식들에 그들의 노력을 허비했을 것이기 때문이다.

그들은 율법의 목적에 주의를 기울이지 않으므로 율법의 형식이 목적으로부터 분리된, 그것을 허망된 것으로 정죄할 수 밖에 없을 것이다.

유대인들에게 주어진 은혜를 볼 때 우리는 분명히 율법이 그리스도를 언급하고 있다는 것을 알 수 있다.

2. 율법은 약속이 포함된다.

유대인들이 몽학선생 밑에 놓여 약속이 주어진 후사가 올 때까지 이른다고 한 바울의 말은(갈 3:24) 참으로 옳은 것 같다. 왜냐하면 그들이 아직 그리스도를 친밀하게 아는 데까지 이르지는 못하였으므로 그들의 연약함으로 인하여 아직 하늘의 일들에 관한 충분한 지식을 감당할 수 없는 어린애들과 같기 때문이다.

바울이 그리스도를 율법의 완성 또는 마침이라고 부른 것은 옳은 일이다.

6. 율법의 엄격함은 우리에게서 자기 기만을 제거하는데 있다.
   첫째, 율법은 하나님의 의, 즉 하나님께 열납될 수 있는 의를 보여주는 한편 모든 사람에게 자신의 불의함을 경고하고, 알려주고, 인정케하고, 마지막에는 정죄한다.

9. 어거스틴의 말대로 율법은 책망으로 우리에게 은총을 구하게 한다.
   또 "율법을 준 목적은 큰 우리를 적게 하고 우리 안에는 의를 행할 아무 힘도 없다는 것을 보여주며, 우리가 무력하고 무가치하며 궁핍함을 실감하고 은혜에 피하게 하기 위한 것이다."

10. 율법은 악인들로부터 공동체를 보호한다.
   율법의 두 번째 기능은 억지로 율법의 절박한 위협을 듣지 않는다면 공정하고 옳은 것에 대하여 아무 관심조차 없는 사람들은 최소한 형벌의 공포에 의하여 억제하는 것이다.

12. 심지어 신자들도 율법이 필요하다
   율법의 세 번째 용도는 가장 중요한 것으로 율법의 본래 목적과 더욱 밀접하게 관련되어 있으며, 그 마음속에 이미 하나님의 성령이 살아서 다스리고 있는 산 자들에게 적용되는 것이다.
   율법은 그들이 앙모하는 주의 뜻이 무엇인가를 날마다 더 철저하게 알고 그들을 납득시켜 그것을 확신케 하는 최선의 도구가 된다.

　율법을 자주 묵상함으로써 그는 복종하도록 자극되고 강화되며 범죄의 길에 빠지지 않도록 인도된다. 이러한 방법으로 성도들은 전진해야 하는데 이는 아무리 그들이 성령에 따라 하나님의 의를 행하려 노력한다 할지라도, 육신의 태만이 언제나 그들을 내려눌러 그들이 합당한 준비를 갖추고 전진하지 못하기 때문이다. 그리하여 율법과 육신의 관계는 게으르고 머뭇거리는 나귀를 일깨워 일하도록 하는 채찍의 관계와 같다.

　다윗은 특별히 율법에 중보자를 이해하고 그를 떠나서는 어떤 기쁨과 즐거움도 없다는 것을 보여준다.

제8장
도덕률(십계명)에 대한 해설

1. 십계명과 우리와의 관계

　나는 여기서 십계명을 그것에 대한 간단한 해설을 시작하는 것이 부당하지 않다고 생각한다. 그렇게 함으로써 내가 언급한 사항 즉 하나님께서 일단 제정하신 공중 예배는 아직 유효하다는 점도 더욱 분명하게 될 것이다. 그 다음으로는 두 번째 사항, 즉 유대인들이 율법으로부터 경건의 참 성격이 무엇인지를 배웠을 뿐 아니라 자신들이 율법을 준수할 수 없음을 깨닫고 심판을 두려워 하여 본의는 아니나 불가피하게 중보자에게 이끌린다는 것을 확증하게 될 것이다.

3. 율법의 엄격함에는 명확한 목표가 있다.

첫째, 율법의 의로움을 우리 생활과 비교함으로써 우리가 하나님의 뜻에 순응하기에는 얼마나 멀리 떨어져 있는가를 알게된다. 이러한 이유 때문에 우리는 그의 피조물 가운데서 우리의 위치를 차지하기에 부당하며 그의 자녀로 간주되는 것은 더더욱 그러하다. 둘째로, 우리의 힘을 생각해 봄으로써 우리는 그러한 힘이 너무도 미약할 뿐 아니라 전혀 존재치 않기 때문에 율법을 성취할 수 없다는 사실을 배우게 된다.

4. 약속과 위협

우리의 마음을 의에 대한 사랑과 악에 대한 증오에 젖게 하기 위하여 주님은 약속과 위협을 부언하셨다.

모든 방법으로 우리를 권고하기 위하여 그는 그의 계명을 지켜 순종하는 자들에 대한 현세에서의 축복 및 영원한 축복을 약속하신다. 그는 범법자들에게 영원한 사망이라는 징벌 못지 않게 현재의 재난을 받을 것이라고 위협하셨다.

6. 율법은 하나님의 법이므로 우리에게 전적인 요구를 한다.

율법으로 말미암아 인간 생활이 외적 정직 뿐 아니라 내적이며 영적인 의에 대해서도 형성된다는 것을 인정하자, 아무도 이 사실을 부인할 수 없지만 그 소수의 사람만이 그것에 주목한다. 이것은 그들이 율법 수여자에 주의를 기울이지 않기 때문에 일어나는데 그의 성품에 의해 율법의 본질이 평가되어야 한다.

하나님은 영적 율법 수여자이시므로 육체에 대해서 뿐 아니라 영혼에 대해서도 말씀하시기 때문이다.

8. 바른 뜻에 이른 방법

분명히 거의 대부분의 계명에는 명백한 제유(synecdoches)가 있으므로 율법에 대한 이해를 한정되어 있는 말의 범위 내에 국한시키려 하는 자는 비웃음을 사는 것이 마땅하다.

나는 계명이 주어진 이유에로 관심이 돌려진다면 각 계명에 있어 그것이 우리들에게 주어진 이유에 대해 깊이 생각하는 것이 최상의 방법일 것이라고 생각한다.

따라서 각 계명에서 우리는 그 계명이 무엇과 관련되어 있는가를 살핀 다음 율법수여자가 자신을 기쁘게 하는 것과 불쾌하게 하는 것을 그 계명에서 입증하심을 발견할 때까지는 그 목적을 추구해야 한다.

만일 이것이 하나님을 기쁘시게 한다면 그와 반대되는 것은 그분을 분노케 한다는 것, 만일 하나님이 이것을 명하시면 그 반대되는 것은 금하시고 이것을 금하시면 그 반대되는 것을 명하신다는 이것이다.

11. 두 돌판

의의 일차적인 토대는 하나님 경배임이 분명하다.

우리는 하나님에 대한 경배를 의의 시작이요, 토대라고 부른다.

따라서 첫째 돌판에서 하나님께서는 우리에게 경건과 종교의 고유 의무를 가르치시는 그것에 의해 우리가 그분의 존엄을 경배하여야 한다.

둘째 돌판은 하나님의 이름에 대한 경의와 일치하여 우리가 인간 사회 안에서 어떻게 행동하여야 하는가를 규정하고 있다.

50. 마음속의 의

하나님께서 그처럼 대단한 고결함을 요구하신 것에는 충분한 이유가 있다. 영혼의 모든 능력이 사랑에 지배되어야 한다는 것이 옳다고 하는 사실을 누가 부인하겠는가?

당신의 가르침이 그 기초가 되시는 하나님께 대해 경외심과 존중하는 마음을 가지고 있지 않다면 그 돌판에서 가르치고 있는 의무를 계속 가르친다 해도 무익할 것이다.

51. 율법의 개요

율법 전체의 목적을 결정하는 것은 어렵지 않겠다. 즉 그것은 인간 생활을 거룩한 순결의 모범에 따라 이루어 나가기 위한 의의 완성이다. 하나님께서 자신의 품성을 율법을 통하여 그처럼 묘사하셨기 때문에 누구든지 거기서 분부된 모든 것을 행동으로 수행한다면 그는 말하자면 자신의 생활을 통하여 하나님의 형상을 표현하는 것이 될 것이다.

모세는 율법의 목적 즉 인간이 거룩한 생활을 통하여 자기 하나님과 결합하게 하기 위함과 또 모세가 다른 곳에서 말한 것처럼 인간을 하나님과 하나되게 하기 위함(신 11:22; 30:20)이라는 것을 지적해야 할 때에는 언제든지 그들에게 이와 동일한 사상을 거듭 거듭 이야기하였다.

우선 우리의 영혼이 하나님에 대한 사랑으로 충만하여야 한다. 여기에서부터 이웃 사랑이 곧바로 흘러나오게 될 것이다.

율법의 계명에서 발견하려는 율법에 대한 그와 같은 해석은 경건과 사랑에 대한 모든 의무를 확증한다.

무미건조한 기초 원리만을 따르는 자들은 마치 율법이 하나님의 뜻의 절반만을 가르치고 있는 양 사도가 증거할 때에 율법의 목적을 절대 이해하지 못하기 때문이다.

53. 믿음과 사랑

사람이 하나님을 진심으로 경외하지 않는다면 모든 점에 있어서 쉽사리 사랑을 지속시키지 않기 때문에 여기서는 그분의 경건에 대한 증거로도 사용되고 있다.

주님께서 의미하신 뜻은 율법은 우리에게 다만 인간을 향한 공의와 평등을 준수할 것만을 명하고 있으나 그것은 하나님께 대한 어떠한 경외심이라도 우리 속에 있다고 한다면 우리가 그것에 의해 그것을 증거함에 있어 실천하게 하기 위함이라는 것이다.

54. 이웃 사랑과 자기사랑

사람들은 본래 자애 즉 이기심에 지나치게 기운 상태로 태어났기 때문에, 그리고 아무리 진리로부터 이탈되어 있다 할지라도 자애심만은 여전히 보존하고 있기 때문에 이처럼 이미 과도한 사랑을 더하거나 불태울 율법이 필요치 않다(즉 자신에 대한 사랑은 강조될 필요가 없다).

55. 우리의 이웃은 누구인가?

그리스도께서는 사마리아인의 비유에서 "이웃"이라는 말에 극히 먼 사람까지도 포함된다는 것을 보여주셨으므로(눅 10:36) 이제 우리는 사랑의 교훈을 친근한 관계에 있는 사람으로 국한시키려 하지 말아야 한다.

우리는 전 인류를 사랑이라는 단 하나의 감정 가운데 예외 없이 포용하여야 한다. 여기에는 야만인과 헬라인, 가치있는 자와 무가치한 자, 친구와 원수의 차별이 없는데 이는 모든 사람이 그들 안에서가 아니고 하나님 안에서 고려되어야 하기 때문이다.

우리는 우리가 하나님을 사랑하기 때문에 이웃도 사랑해야 한다는 것이 불변의 원칙이 되도록 하기 위함이다.

제 9 장
그리스도는 비록 율법 하에서 유대인에게도 알려졌지만 오직 복음 안에서만 상세하고 분명하게 계시되셨다.

1. 신약 공동체의 유리한 점

옛날에 하나님께서 화목제물과 희생제물을 통해 자신이 아버지이심을 증명하시고 자신을 위해 한 선택된 백성을 구별하시려 한 것은 허사가 아니었다.

말라기는 즉시 "의로운 해가 떠오를 것"(말 4:2)이라 선언한다. 이 말씀에서 그가 가르치는 것은 율법이 경건한 자들로 하여금 그리스도의 강림을 소망하게 해주었지만, 그리스도께서 강림하실 때에 그들은 더 밝은 빛을 기대하리라는 것이었다.

베드로는 말하기를, "이 구원에 대하여는…… 선지자들이 연구하고 부지런히 살폈다"고 하였으며, 이 구원은 이제 복음을 통해 명백하게 나타났다(벧전 1:10).

하나님께서 드물게 믿음의 사람이었던 거룩한 족장들 보다 우리에게 더 나은 은혜를 베풀어 주셨다는 것은 복음의 계시를 크게 칭송하는 것이다.

요 1:18의 세례 요한의 말은 그리스도 이전에 죽은 경건한 사람들을 그리스도 위격 안에 비춰는 이해와 빛의 교제로부터 제외시키지 않는다.

다른 곳에서 우리는 그리스도가 구약시대 구원의 인도자였다는 바울의 견해를 인용하였다(참조, 고전 10:4).

2. 복음은 계시된 그리스도를 전파한다.

이제 나는 복음을 그리스도의 비밀이 분명하게 나타난 것으로 이해한다. 물론, 바울이 복음을 "믿음의 말씀(교리)"(딤전 4:6)이라 불렀기 때문에, 율법 안에서 일반적으로 일어나는 값없는 사죄 그것에 의해 하나님께서 사람들을 자신과 화해시키는 값없는 죄사함에 대한 모든 약속들은 복음의 일부로 간주된다는 사실을 필자는 인정한다.

넓은 의미로 "복음"이란 말에는 하나님께서 구약시대의 족장들에게 베풀어주신 자비와 아버지로서의 호의에 대한 그 증거들이 포함된다는 결론이 나온다. 그러나 더 높은 의미로 그 말은 그리스도 안에 나타난 은혜에 대한 선포를 가리킨다.

그리스도께서는 그의 육신 안에서 우리 구원의 전체를 성취하셨으므로 이러한 실재의 살아있는 현현은 당연히 새롭고 특이한 찬양을 받았던 것이다.

요 1:51 하늘의 문을 열어 우리 각자가 그리로 들어갈 수 있도록 그가 강림하신 것이 얼마나 탁월한가를 보여주신 것이다.

3. 약속들은 우리를 위해 파기되지 않는다.

나는 조금 전에 그리스도께서 우리 구원의 전체 가운데 미완성으로 남겨 두신 것은 하나도 없다고 단언하였다.

　바울에 의하면, 우리가 "약속의 성령"으로 인치심을 받은 것을 복의 극치로 본다

　즉 우리는 천상 생활의 완성에 관계된 모든 것을 그리스도 안에 갖고 있으나, 믿음은 보이지 않는 좋은 것들을 보는 것이다 (히 11:1).

4. 율법과 복음 사이의 대립은 과장되어서는 안된다.

　복음은 구원의 다른 방법을 제시할 만큼 율법 전체를 밀어내고 그 자리를 대신 차지하지 않는다. 오히려 복음은 율법의 약속을 모두 확증하고 만족시키며 그림자에 실체를 부여하였다.

　율법 전체와의 관련에서 복음은 그 계시의 명백성에 있어서만 율법과 다르다는 것이다.

제 10 장
신구약의 유사점

1. 문제 제기

　앞에서 말한 내용으로부터 우리는 창세 이후로 하나님께서 자기 백성으로 택하신 모든 사람들이 지금 우리들 사이에 통용되는 것과 동일한 법과, 동일한 교리의 띠에 의해서 하나님과 언약하였던 사실을 명백히 알 수가 있다.

　즉 족장들은 동일한 중보자의 은혜로 말미암아 동일한 기업에

참여하였고 우리와 공통적인 구원을 소망하였을지라도 이 교제에 있어서 족장들의 형편은 우리의 형편과 얼마나 다른가 하는 것이다.

2. 중요한 일치점들

둘 다 간략하게 설명될 수 있다. 모든 족장들과 맺은 언약은 사실상 우리의 것과 너무나 유사한 때문에 이 둘은 사실상 동일하다는 것이다.

여기서 우리는 세 가지 중요한 논점들에 대해 우리의 입장을 취해야 한다. 첫째, 우리는 육적인 번영과 행복이 유대인들이 열망한 궁극적 목표가 아니라고 생각한다. 도리어 그들은 불멸의 소망 가운데로 받아들여졌으며 이러한 입장은 신탁(神託)과 율법과 선지자들에 의해서 확증되었던 것이다. 둘째, 그들은 주님께 결속시킨 언약은 그들 자신의 공로 때문이 아니라 오직 그들을 불러 주신 하나님의 자비에 의해 유지되었다는 것이다. 셋째, 그들은 그리스도를 중보자로 알고 있었으며, 그를 통하여 그들은 하나님께 결합되었고 그의 약속들에 참여하게 되었다.

3. 구약은 내세를 내다본다.

분명히 복음은 인간의 마음을 현세의 즐거움에만 국한시키지 않고 불멸의 소망을 갖도록 고양시켜 준다. 또 복음은 지상의 쾌락에만 마음을 묶어두지는 않고 하늘에 간직된 소망을 전해줌으로써, 이를테면 그 곳까지 마음을 들어올려 준다.

복음의 교리가 영적이고 썩지 않는 생명을 소유할 수 있는 길을 열어 주는 것이라고 한다면, 이것을 약속 받았고 들은 자들이 자기의 영혼을 돌볼 것을 등한히 하여 미련한 짐승처럼 육적인 쾌락을 추구하였다고 생각해서는 안 된다.

사도가 복음의 약속들이 율법에 포함되어 있다고 말할 때, 그는 아주 명백하게 구약이 특히 내세와 관련되어 있다는 사실을 증명한다.

4. 구약에서도 칭의는 오직 은총으로부터 그 효력을 얻는다.

구약은 하나님의 값없는 자비를 근거로 세워졌고 그리스도의 중보를 통하여 확증되었다고 추론할 수 있다. 왜냐하면 복음도 역시 죄인들이 하나님의 부성적인 자비로 인하여 그들 자신의 공로와는 관계없이 의롭다 함을 얻는다는 사실만 선포하고 복음 전체는 그리스도 안에 요약되어 있기 때문이다. 그렇다면 그리스도를 유일한 기초로 하는 복음의 언약이 유대인들과 더불어 체결되었다고 우리가 듣는 이상 누가 감히 유대인들을 그리스도로부터 분리시킬 것인가? 또한 우리가 듣기로 믿음으로 말미암은 의의 교리를 부여받았다고 하는 그들은 누가 감히 값없는 구원의 선물로부터 분리시킬 것인가?

만약 주님께서 그리스도를 나타내심으로써 그 옛 맹세를 이행했다고 한다면, 구약의 목적은 항상 그리스도와 영원한 생명에 있었다고 말할 수 밖에 없다.

6. 요한복음 6장 49, 54절에 근거한 반론에 대한 논박

그들이 "만나"에 대하여 이해하고 있던 것은 만나가 그 당시 백성들을 괴롭힌 육적 굶주림을 면케 해 준 해결책에 지나지 않았다는 것뿐이었다. 바울이 관심을 기울였던 더 깊은 신비까지는 이해하지 못했던 것이다.

바울은 주님께서 하늘로부터 만나를 내려 주셨을 때 그것은 그들의 배를 채워주기 위한 것일 뿐만 아니라 우리가 그리스도 안에서 가질 수 있는 영적인 생명력을 예시하는 영적 신비로서 주어졌다는 것을 알고 있었던 것이다(고전 10:1-5).

7. 조상들은 말씀과 동시에 영생을 소유하였다.

독자들은 영적인 언약이 족장들에게도 공통적이었다고 한 그리스도와 사도들의 증언을 들었는데, 그 사실을 증명하기 위해 율법과 예언서에서 인용된 증거를 보기를 원할 것이다.

하나님께서는 옛날 유대인들을 이 거룩한 띠로써 그에게 결속시켰기 때문에, 그들에게 영생의 소망을 주셨다는 사실은 의심할 여지가 없는 것이다.

그러므로 나는 의심 없이 그들이 하나님의 불멸의 나라로 들어갔다고 말하는 바이다. 왜냐하면 그들은 영생의 축복 없이는 일어날 수 없는 하나님께 대한 실제적인 참여를 실행하였기 때문이다.

10. 고대인들의 축복은 땅에 속한 것이 아니었다.

그러면 이제 이 논쟁의 주요 논점, 즉 신자들은 다른 쪽에 더 좋은 생활이 그들을 위하여 있다는 것을 깨닫고 하늘에 속한 것을 묵상하기 위해 땅에 속한 생활을 경시하도록 주의 가르침을 받았는가 아닌가를 검토해 보기로 하자.

하나님께서 그들에게 명하신 생활 방식은 계속적인 훈련이었다. 따라서 만일 그들이 이 생활에서만 행복한 것이라면 그들이야말로 만인 가운데 가장 가련한 자라는 것을 깨달았을 것이다.

11. 아브라함의 믿음

우리는 아브라함의 믿음을 생각한다면 한 사람이 십만인에 상당하는 것으로 평가해야 할 것이다.

아브라함은 생애 전체를 통하여 몹시 동요되고 괴로움을 받았으므로 누가 재난의 생애를 소재로 하여 한 폭의 그림을 그리고자 한다면 아마 아브라함의 생애보다 더 적당한 모델을 찾지는 못할 것이다.

12. 이삭과 야곱의 믿음

이삭은 아브라함보다는 재앙을 적게 당했지만 쾌락이라고는 거의 조금도 맛보지 못한 사람이었다.

야곱에 대해서 말하자면, 그도 다만 극도로 불행한 생애의 예가 될 뿐이다.

그는 주장하기 그가 지나온 생애는 계속적인 비참이었다고 하면서, 여호와께서 그에게 약속한 번영 따위는 경험한 사실이 없다고 극구 부인하였다.

만약 그가 말한 것이 사실이라면, 그는 땅에 속한 것에 소망을 두지 않았다는 결론이 나오는 것이다.

13. 족장들은 영생을 추구했다.

만약 이 거룩한 족장들이, 틀림없이 그러할 것이지만, 하나님의 손으로부터 어떤 복된 생을 구했다면, 그것은 땅의 속한 생과는 다른 축복이었을 것이다.

14. 성도들의 죽음은 영생의 관문이다.

결국 이 세상 생에 있어서 그들이 일체의 노력을 한 것으로 그들은 내세의 축복을 소망함이 분명하게 논증되었다. 만약 야곱이 더 높은 축복을 바라보지 않았다고 한다면 무엇 때문에 그는 장자권을 탐내고 구하여 그것으로 인해 아무런 유익도 얻지 못한 채 가족으로부터 쫓겨나 적빈(赤貧)이 되기까지 위험을 무릅썼겠는가?(창 27:41) 그는 임종시에 자기의 의도가 "여호와여 나는 주의 구원을 기다리나이다"(창 49:18)라는 것임을 선언하였다. 그가 만약 임종시에 새로운 삶이 시작된다는 것을 알지 못했다면, 이제 그의 임종이 가까워 오고 있을 때 어떤 구원을 기다리고 있었단 말인가?

만약 궁극적인 경계와 목표가 죽음 안에 있다고 말하면 의인과 불의한 자의 차이는 있을 수 없을 것이다. 그러나 그들은 사후 그들을 기다리고 있는 것이 무엇이냐에 따라서 서로 다른 것이다.

16. 내세에 적용될 수 있는 또 다른 성구들

다윗은 시편에서 성도들이 번영에 대해 많은 구절에서 노래하고 있는데, 이것이 하늘에 속한 영광의 나타남으로 해석되지 않는다면 달리 납득할 수 없을 것이다.

(시 97:10; 97:11; 112:9; 112:10; 140:13; 112:6; 34:22; 73:16-17)

17. 경건한 자의 소망은 현세 환난을 넘어서 내세 삶으로 치솟는다.

그러므로, 우리는 다윗의 이러한 고백으로부터 구약의 거룩한 족장들이 하나님께서 이 세상에서 그의 종들에게 약속한 것을 거의 또는 결코 성취하지 않으셨다는 것을 알고 있었고, 따라서 그들은 나타나지 않는 것이 현생의 그림자 속에 감취어져 있음을 발견한 하나님의 성소에까지 그들의 마음을 들어 올렸다는 사실을 배워야 한다.

19. 불멸에 대한 증거자, 욥 / 욥 19:25-27

욥의 소망이 땅에 머물러 있었다면 이런 고상한 소망에까지 이르지 못했을 것이라는 사실을 그들은, 원하든 원치 않든, 인정해야 할 것이다. 그러므로 우리는 그가 눈을 장래 불멸로 향한 것이 틀림없다고 인정하지 않을 수 없으니 이는 그가 무덤에 눕게 되는 때에도 구속자가 그와 함께 계실 것을 알았기 때문이다.

그러므로, 우리가 유대인의 교회에서 그가 그렇게 명백하고 분명하게 영적인 삶에 대해 논의하신 성령의 드러난 말씀을 들을 때 그 말씀을 단지 땅과 땅에 속한 부(富)에 관해서만 말한 육적인 언약으로 전락시킨다면, 이것이야말로 용납할 수 없는 완악함일 것이다.

20. 영생에 대한 선지자들의 증언

선지자들은 백성들의 마음을 고양시켜 땅과 이 세상의 초등학문(참조, 갈 4:3)과 멸망해 가는 시대를 초월하게 하여 장차 올 영적 생활의 행복을 반드시 생각하도록 각성시키려 하였다.

23. 요약과 결론; 영생에 관한 신구약 성경의 일치

구약 족장들은(1) 그리스도를 언약의 보증으로서 소유하였고,

(2) 미래의 축복을 위해 그리스도께 일체의 소망을 두었다.

우리는 마귀의 어떤 계략에 의해서도 침략 당할 수 없는 한 가지 원칙을 대담하게 세우자. 즉, 구약 곧 주께서 이스라엘 자손들과 맺으신 계약은 땅에 속한 것들에게 제한된 것이 아니라 영적이고 영원한 생명의 약속을 포함하고 있다는 원칙이다.

주 그리스도께서는 그를 따르는 자들에게 오늘날 "아브라함과 이삭과 야곱과 함께 앉을" 수 있는 "천국" 외에는 어떤 것을 약속하지 않으신다(마 8:11)

제 11 장
신구약의 차이점

1. 현실의 유익에 대한 강조 그러나 그것은 하늘에 대한 관심으로 이끌다.

나는 주의를 요하는 성경상의 차이점을 인정하지만, 그것들은 이미 확립된 성서의 통일성을 손상시킬 만한 것은 아니다.

신구약의 약속들이 같다는 것과 이들 약 속의 동일한 터전이 바로 그리스도라는 사실을 방해할 아무 것도 없을 것이다.

이제 그 첫 번째 차이점은 다음과 같다. 즉, 구약의 주님께서는 당신의 백성들의 마음이 하늘나라의 기업으로 향하고 높이 올리워 지기를 원했지만 이러한 소망 가운데 더 잘 육성하기 위하여 주님께서는 그들이 현세의 축복을 보도록, 즉 맛보도록 하심으로써 당신의 뜻을 나타내셨다. 그러나, 이제 복음이 명백하고도 분명하게 미래의 삶(내세)의 은총을 계시했으며, 주님께서는 당신께서 이스라엘 백성들에게 사용하셨던 저급한 훈련 방식을 버리고 우리의 정신으로 하여금 이를 직접 명상하도록 인도하신다.

논점은 그들이 이스라엘 백성들은 가나안 땅을 소유하는 것이 최고의 궁극적 축복으로 보았으며, 그리스도의 계시 후에 그것은 우리에게 하늘의 기업을 상징하는 데 지나지 않는다고 가르친다는 것이다.

4. 이 차이점의 의미

구약과 신약의 두 번째 차이점은 상징(figures)들에 있다. 즉, 구약은 실체가 없이 그 실체 대신에 단지 형상이나 그림자를 보여 주며, 신약은 바로 그 진리의 실체를 현실로써 보여준다.

7. 이 차이점의 성서적 기원과 의미

세 번째의 차이점에 이르게 되었다.

사도 바울은 율법과 복음을 비교하여 전자를 문자적이고 후자를 영적이라고 불렀고 또 전자는 돌판 위에 새겼고 후자는 사람의 마음 위에 쓴 것이라고 했고 전자는 죽음, 후자는 생명을 전하는 것이요, 전자는 정죄를, 후자는 의를 말한 것이며, 전자는 깨져 없어지는 것이고, 후자는 영존하는 것이라고 했다(고후 3:11-16)

9. 바울의 가르침

네 번째의 차이점은 세 번째의 차이점에서 나온다. 성경은 구약을 "속박"의 언약이라고 부르는데, 그것은 구약이 사람들의 마음속에 공포를 낳게 하기 때문이다. 그러나 신약을 "자유"의 언약이라고 부르는 것은 사람의 마음을 신뢰와 확신에로 높여주기 때문이다.

11. 장벽은 그리스도안에서 무너졌다.
첨가해도 무방한 다섯 번째 차이점은 그리스도께서 강림할 때까지 주님께서는 한 민족을 성별해서 자신의 은총의 언약 안에다 국한시켰다는 사실에 있다.

하나님께서는 그들만이 모든 백성들 가운데서 그에게 속한 것처럼 자신의 이름에 관한 지식을 오직 그 백성들에게만 주었던 것이다.

13. 일반적인 차이점은 왜 있는가?
하나님의 변함없으심은 그가 모든 시대에 걸쳐 같은 교리를 가르쳤고 또 처음부터 그들에게 명한 같은 이름을 예배하도록 계속한 사실에서 드러나는 것이다. 그가 외적인 형식과 방법을 바꾸었다는 사실은 그가 변하기 쉬운 분이라는 것을 보여주는 것이 아니고, 오히려 그가 다양하여 변할 수 있는 인간들의 능력에 자신을 적응시킨 것이다.

제 12 장
그리스도는 중보자의 직분을 이루시려고 인간이 되셔야 했다.

1. 참 하나님이며 참 사람인 분만이 하나님과 우리자신 사이의 벌어진 틈을 이어주는 다리가 될 수 있다.

이제 우리에게 가장 중요한 문제는 우리의 중보자가 되었어야 할 분이 참 하나님이며 동시에 참 인간이라는 것이다. 만일 누가 왜 이것이 필연적인가 하고 묻는다면(일반적으로 말하는 것처럼) 그것은 단순한 필연(일반적인 표현을 사용해서) 혹은 절대적인 필연이 아니고, 오히려 하늘의 작정, 즉 인간들의 구원이 의존하고 있는 작정에서 나온 것이다.

우리 자신의 힘으로는 하나님께로 올라갈 수가 없기 때문에 만일 하나님의 위엄 그 자체가 우리에게 강림하시지 않았다면 사태는 참으로 절망적이 되고 말았을 것이다.

2. 중보자는 참 하나님과 참 사람이어야만 한다.

그의 임무는 우리를 하나님의 은총에 회복시킴으로서, 인간의 자녀를 하나님의 자녀로 지옥의 후사들을 하늘나라의 후사로 변화시키기 위한 것이다.

그는 자신에게 고유한 것을 우리에게 주기 위하여 자진하여 인간의 성품을 취하였고, 우리와 공동으로 하나님의 아들과 인자가 되었다.

이렇게 하여 우리는 하늘나라의 기업을 확신하는데 그것은 오직 천국을 전적으로 자기의 것으로 삼고 있는 하나님의 아들이 우리를 그의 형제로 삼았기 때문이다.

3. 오직 참 하나님이며 참 사람인 분만이 우리를 대신하여 순종할 수 있었다.

하나님으로만은 죽음을 느낄 수 없으며, 인간만으로서는 그 죽음을 극복할 수 없었기 때문에 죄를 속하기 위하여 인성에다 신성을 결부시켜서 그는 죽음에 대한 인간의 약함을 극복할 수 있었고, 신성의 능력으로 죽음과 싸워 우리에게 승리를 가져다 줄 수 있었다.

4. 그리스도께서 성육하신 유일한 목적은 우리를 구속하시려는 것이었다.

모든 성경은 그가 우리의 속죄주가 되기 위하여 육신을 입었다는 것을 선포하기 때문에 그 이외의 이유나 목적을 상상하는 것은 너무 경솔한 일이다. 우리는 왜 그리스도께서 태초부터 약속되었는가를 잘 알고 있는데, 그것은 잃어버린 인간들을 구원하기 위함이었다.

그가 친히 나타났을 때에 그가 강림하신 이유는 우리를 죽음에서부터 생명으로 들어가게 하시기 위하여 하나님을 진정시키는 일이라고 선포했다.

제 13 장
그리스도께서는 인간 육신의 참 본성을 취하셨다.

1. 그리스도의 참 인성에 대한 증명

마르키온파 사람들은 그리스도의 육체를 단지 겉모양이 그럴 뿐이라고 공상했고, 한편 마니교도들은 그가 하늘의 육신을 부여받았다고 꿈꾸었다. 그러나 성경의 강력한 많은 증언들은 이 모두를 반대한다.

2. 그리스도의 참 인성을 부인하는 자를 논박함

마르키온은 바울이 다른 곳에서 그리스도가 "사람들과 같이 되었고… 사람의 모양으로 나타나셨다"(빌 2:7-8, KJV/AV)고 했기 때문에 그리스도는 육신이 아닌 환상을 입었다고 생각한다.

마니는 그리스도가 "하늘에서 난 둘째 아담"(고전 15:47)이라고 불리웠다고 해서 그를 공기의 몸이라고 날조했다.

4. 참 인간이나 죄가 없으시다! 참 인간이나 영원한 하나님이시다!

사도는 그리스도께서 율법을 만족케하기 위하여 "죄 있는 육신의 모양으로" 보내심을 받았다(롬 8:3-4)고 함으로써 그는 그리스도를 보통 사람과 구분하여 그가 참 인간이지만 허물과 부패가 없는 분임을 멋지게 말한다.

우리가 그리스도를 모든 더러움에 물들지 않았다고 하는 것은 그가 남자를 알지 못하는 그 어머니로부터 났다는 것 때문이 아니라 그가 성령의 성별을 입어 아담의 타락 이전 때처럼 순결하고 완전한 출생이었기 때문이다.

만약 말씀이 한량없는 본질 속에서 인성과 결합하여 한 인격을 이루었다면,. 우리는 그가 그 속에 제한되어 있다고 생각하지 않기 때문이다. 여기에 하나님의 아들이 하늘로부터 내려왔지만, 하늘을 버리지 않았고, 동정녀의 태에서 태어나 지상을 두루 다니시며 마지막에는 십자가에 달려 돌아가시기를 원하셨지만 그가 태초로부터 그가 하신 바와 같이 항상 세상을 충만히 채우셨다는 놀라운 사실이 있다.

제 14 장
중보자의 두 본성이 한 품격을 이루는 방법

1. 이원성(二元性)과 단일성

다른 한편 우리는 "말씀이 육신이 되었다"(요 1;14)는 말을 말씀이 육신으로 변했다거나 혹은 육신과 혼동하여 뒤섞였다는 뜻으로 이해해서는 안된다.
우리는 그의 신성이 인성과 결합되고 연합되었다고 할 때 그것은 손상되지 않은 각각의 고유성을 그대로 지니고 있으면서도 그 두 본성은 한 그리스도를 구성한다고 주장한다.

3. 중보자 위격의 통일

그래서 올바른 이해를 위해서는 중보자의 직분에 적용되는 것들이 단순히 신성이나 인성 중 어느 하나만을 말하고 있는 것이 아님을 명심해야 한다. 그리스도께서는 자신이 세상의 심판주로 임할 때까지 우리의 연약함의 분량이 허락하는 한에서 우리를 아버지와 결합시켜 주면서 다스릴 것이다. 그러나 하늘의 영광에 참여하는 자로 우리가 하나님을 있는 그대로 보게될 때는 그리스도가 중보자의 직분을 다한 때이기에 아버지의 대사됨을 그칠 것이요, 세상 창조 전에 누리던 영광을 누리면서 만족한 가운데 있을 것이다.

4. 그 두 가지 성품은 융합이나 분리시켜서 생각되어질 수 없다

우리는 양성을 구별하기보다는 오히려 떼어놓고자 하여 이중의 그리스도를 고안해 낸 네스토리우스의 오류를 물리쳐야 한다.

우리는 또한 유티케스의 광란에도 경계를 해야 하는 바, 그것은 위격의 통일성을 내 보이고자 해서 양성을 파괴하지 않도록 하기 위한 것이다.

5. 그리스도께서는 영원 전부터 하나님의 아들이시다.

우리 시대에도, 옛날 이단에 뒤지지 않는 미가엘 세르베투스가 나타나 하나님의 아들은 하나님의 본질, 영, 육 그리고 세 가지 창조되지 않은 요소들로부터 구성된 허구라고 주장했다.

그의 전체 논리의 요점은 그리스도가 육신을 입고 나타나기 전에 하나님 안에 단지 그림자 같은 형상이 있었으며, 그리고 그 그림자의 진리 혹은 효력은 이 영예를 받도록 정해져 있던 말씀이 진실로 하나님의 아들이 되기 시작했을 때만 나타났다는 것이다.

그러나 우리는 동정녀에게서 난 중보자는 정당하게 하나님의 아들이라는 사실을 고백한다.

창조 당시에 천사들과 인간들은 하나님이 그들의 공통적인 아버지가 되도록 지칭을 받았다. 따라서 만일 그리스도께서 언제나 머리가 되시고 모든 피조물 중 처음난 자가 되셔서 만물을 지배하고 계신다고 한 바울의 말이(참조, 골 1:15ff.) 사실이라면, 그는 세상 창조 전부터도 역시 하나님의 아들이었다고 결론을 내리는 것이 옳은 것같이 보인다.

8. 합당한 진술과 세르베투스의 교리에 대한 반박

세르베투스가 보는 바로는 하나님의 아들은 태초부터 상상이었으며, 그는 태초부터 이미 하나님의 본질적 형상이 되도록 예정되어 있었던 인간으로 있었다는 것이다.

세르베투스의 공상에 의하면 그리스도의 표상이 그의 출생을 대신하는 것이다. 그러나 그는 말하기를 당시 그림자와 같은 모습으로 있었던 아들은 나중에 말씀을 통하여 태어났다고 하는데, 그리하여 그는 말씀에다 생식의 기능을 돌리고 있는 것이다.

건전한 독자들이라면 이상 요약한 것으로서 이 더러운 개의 교묘한 구실들은 결국 구원의 소망을 아주 소멸시켜 버리려는 수작 밖에는 아무것도 아니라는 것을 알게 될 것이다.

오직 아브라함과 다윗의 씨로부터 났으며, 진정으로 육신을 따라 인간이 되신 분 외에 누가 우리의 속죄주가 될 수 있단 말인가?

복음서 기자의 유일한 의도는 두 품성 안에서의 위격의 통일성을 천명하는 것이기 때문이다.

제 15 장
그리스도께서 성부의 보내심을 받은 목적과 그가 우리에게 부여해주신 것을 알기 위하여 우리는 우선 선지자, 왕, 그리고 제사장 직분이라는 세 가지를 살펴보아야 한다.

1. 이 교리 이해의 필요성: 그리스도의 예언자직에 적용될 수 있는 성구들

믿음으로 그리스도 안에서 구원을 얻기 위한 확고한 근거를 찾고, 그리하여 그 안에서 안식을 얻기 위하여 하나님 아버지께서 그리스도에게 부여하신 직분은 세 부분이라는 원칙을 확립해 놓지 않으면 안된다. 즉, 그에게는 선지자, 왕 및 제사장 직분이 부여되어 있다는 것이다. 그러나 이들의 목적과 용도에 대한 이해 없이 이름만 알아서는 별 가치가 없을 것이다.

2. 우리에 대한 선지자 직분의 의미

우리는 "그리스도"란 칭호가 이들 세 직분에 관계되어 있다는 사실에 주목해야 한다.

나는 그리스도가 "메시야"라고 불리우는 것은 그의 왕권을 고려하고 또 그것에 근거하고 있다는 것을 인정한다. 그러나, 그가 선지자나 제사장으로서 기름부음 받은 것을 그 위치를 갖고 있으므로 우리는 이를 무시하지 말아야 한다.

그가 기름부음을 받은 것은 교사의 직분을 다하기 위하여 자신을 위해서 뿐만이 아니고 그의 몸 전체(교회 전체)를 위해서였는데 다시 말하자면 성령의 권능이 복음을 계속 전파해 나가는데 함께 하도록 하기 위함이었다는 사실이다.

그러므로, 복음으로 만족을 삼지 못하고 이질적인 무엇을 거기에 끼워놓고 있는 자들은 모두 그리스도의 권위를 부인하는 것이라는 것이다.

3. 그리스도의 왕권의 영원성과 영적 성격

이제 왕권에 관해서 보기로 하자. 그런데 독자들에게 그것이 본질상 영적이라는 것을 이미 알려주지 않고 이에 대해 언급하는 것은 무용할 것이다. 왜냐하면, 이로써 우리는 그리스도의 왕권이 우리에게 미치는 효력, 그 힘과 그 영원성에 관해 추론할 수 있을 것이기 때문이다.

이 영원성도 두 가지 종류가 있으므로 두 가지로 고찰하지 않으면 안된다. 첫째는 교회 전체에 관한 것이고 둘째는 각 개인에 속한 것이다.

따라서 마귀가 이 세상의 모든 자원을 다 동원할지라도 교회를 파괴할 수 없으니 이는 그리스도의 영원한 보좌 위에 터전을 갖고 있기 때문이다.

그리스도께서는 우리의 소망을 하늘로 올려 주시려고, "내 나라(왕권)는 세상에 속한 것이 아니라"(요 18:36)고 선언하셨다. 요컨대 우리들중 누가 그리스도의 왕권이 영적이라고 함을 들을 때에는 이 말에 깨우침을 받아 더 좋은 생애의 소망에까지 도달하도록 할 것이요, 또 그것이 그리스도의 수호 안에 있는만큼 오는 세대에 있어서 이 은혜의 충만한 열매를 받을 것을 기다리도록 할 것이다.

4. 우리를 위한 그리스도 왕권의 축복

우리는 그리스도의 왕권을 영적이라고 인정할 때에만 그 힘과 유익을 체득할 수 있음을 보았다. 이 사실은 우리가 평생 십자가 밑에서 투쟁하는 동안 우리의 형편이 비참하다는 사실을 보아도 명백해진다. 그렇다면 이 세상 생활을 넘어 그 혜택을 누릴 수 있다는 것이 확실하지 않은 한 하늘의 대왕의 주권 밑에 모여 있다 한들 무슨 유익이 있겠는가?

　우리의 행복은 하늘나라 생활에 속해 있다.

　그와 같이 그리스도도 우리 영혼의 영원한 구원에 필요한 모든 것들로 택한 백성들을 부요케 해주시며 적의 모든 영적 침노에 대항해서 불요하게 설 수 있도록 용기로서 그들을 굳세게 해주신다.

　성령의 권능에 의지해서 우리는 마귀와 세상과 각종 재앙에 대하여 언제나 승리할 수 있다는 것을 의심해서는 안 되겠다.

　"하나님의 나라는…… 오직 성령 안에서 의와 평강과 희락"이기 때문이다(롬 14:17). 라는 말은 그리스도의 나라가 우리에게 무엇을 부여해 주는가를 간단하게 가르쳐 주는 것이다. 왜냐하면, 그것은 지상적이거나 육적인 것이기 때문에 부패할 수 밖에 없는 것이 아니고 영적인 것으로 우리를 영생의 단계에까지 올려주기 때문이다.

　그의 지배 원칙은 그가 아버지로부터 받은 모든 것을 우리에게 나누어주시는 것이다.

　또 그의 부요하심으로 우리를 부요하게 해주신다. 그리하여 우리는 마귀와, 죄와 죽음에 대항하여 두려움 없이 싸워나갈 자신을 갖게 된다.

　우리는 그의 의를 옷 입을 때 어떠한 세상의 비방도 용감하게 극복할 수 있다.

5. 그리스도의 왕권의 영적 본질 : 그리스도와 성부의 주권

　그리스도의 나라는 성령 안에 있는 것이다. 따라서 우리가 왕국에 참여하기를 원한다면 세상을 버려야 한다.

하늘 나라 생활에 관하여는 성령이 우리에게 떨어져 주시는 것 외에 한 방울의 생기도 없다. 왜냐하면, 성령은 그리스도를 자기 자리로 택하여 그를 통하여 우리가 갈급해 하는 하늘의 풍성함이 넘치도록 흘러나오게 하셨기 때문이다.

신자들은 그들의 임금의 힘에 의해서만 불굴의 자세로 서게 되며 그 왕의 영적인 풍성함이 그들 가운데 넘치고 있다. 따라서 그들은 그리스도인들이라고 불리우는 것이 당연하다.

6. 이제 우리는 그리스도의 제사장 직분의 목적과 유익에 관하여 간단히 말해야 하겠다.

제사장 직분은 그리스도에게만 속한 것이니 이는 그의 죽음의 희생으로 그가 우리의 허물을 씻어 버리고 우리의 죄를 위한 공의를 만족케 하셨다(히 9:22)는 것이다.

하나님께서 이 말을 통하여 우리의 구원 전체의 성패가 결정되는 분수령이라고 인정한 요점을 제정하고자 했던 것은 의심할 바 없다.

그리스도께서 우리의 대제사장으로 우리의 죄를 씻어 주고 성결케 해주며 우리의 범죄와 악으로 말미암은 더러움을 제거하시지 않는한 우리는 하나님께 가까이 갈 수 없다.

우리의 기도는 그리스도의 죽음으로부터 시작해야 하는데 그것은 그의 제사장직의 효과의 유익이 우리에게 미치도록 하기 위함이다.

그리스도께서 동시에 제사장과 제물이 되셨다.

왜 그런가하면 이 밖에는 우리의 죄에 상당한 만족을 치룰 수가 없었고 또 다른 사람은 아무도 독생자를 하나님께 바칠 만한 자격을 가진 자가 없었기 때문이었다.

제 16 장
그리스도께서 우리를 구원하시려고 구속주의 직분을 이루신 방법. 그리스도의 죽음, 부활 및 승천

1. 구속자

우리가 지금까지 그리스도에 관하여 말한 것은 이 한 가지 목적, 즉 우리들 자신으로서는 정죄를 받아 죽고 멸한바 되었음으로 베드로가 "천하 인간에 구원을 얻을 만한 다른 이름을 우리에게 주신 일이 없음이니라"(행 4:12)라는 유명한 말이 가르쳐 주는 바와 같이 의와 자유와 생명과 구원을 그에게만 구해야 한다는 목적과 관련되어 있다.

2. 하나님의 진노를 깨달음으로 그리스도를 통한 사랑의 역사에 감사하게 된다.

우리 인간들의 마음은 먼저 하나님의 진노라는 두려움과 영원한 죽음이라는 공포에 얻어 맞아 압도당하기 전에는 우리의 버릇은 하나님의 긍휼 가운데 있는 생명을 열심히 파악하는 일이나 또는 그에 당연한 감사를 가지고 받아들일 수가 없으므로 우리는 성경이 가르쳐 주는 대로 그리스도를 떠나서는 하나님은 우리에게 대적이 되었고 그의 손은 우리를 멸하려고 무장하고 있으며 그러나 그리스도 안에서만 그의 은혜와 아버지의 사랑을 받아들

일 수 있다는 사실을 알아야 하겠다.

3. 불의에 대한 하나님의 진노: 그리스도 안에서 우리와의 화해에 선행하는 그 분의 사랑

우리 모두가 우리 자신들 가운데 하나님의 합당한 무엇을 가지고 있다. 즉 우리의 타락된 본성과 그에 따라오는 악한 생활을 볼 때 우리들 모두가 분명히 하나님을 불쾌하게 하여 그의 안전에 허물될 뿐만 아니라 지옥의 저주를 받도록 태어난 것이다.

하나님께서 우리에 대하여 기뻐하신 바 되고 화목 되어 은혜로 워지기를 원한다면 우리가 그리스도에게만 눈과 정신을 집중시켜야 하는 것은 당연하다. 왜냐하면, 우리가 짊어질 죄를 그를 통해서만 피할 수가 있기 때문이다.

5. 그리스도께서는 자신의 생애 전체에 걸쳐 행하신 순종을 통하여 우리를 속량하셨다.

"그리스도께서는 우리를 위한 그의 순종의 전 과정을 통하여 이를 실현할 수가 있었다"는 것이다.

그가 종의 형체를 취하신 때부터 그는 우리를 속량하시기 위하여 자유의 피값을 치루기 시작한 것이다.

"사도신경"은 그리스도의 탄생으로부터 그의 죽음과 부활에 이르기까지 최선의 순서대로 옮겨지고 있는데 여기에 완전한 구원의 전체가 포함되어 있다.

진실로 죽음 그 자체에 있어서까지 그의 자발적 순종은 중요한데 이는 자발적이 아닌 제물은 의를 위하여 아무 유익을 가져다 주지 않기 때문이다.

그러므로 형벌을 받을 수 밖에 없는 죄가 하나님의 아들의 머리로 옮겨졌는데 이것이 곧 우리의 무죄 방면이다(사 53:12).

6. "십자가에 못 박히사"

그리스도께서 십자가에 못 박혔을 때 그는 자신을 저주에 내맡겼다는 뜻이 된다. 그것도 그래야 했던 것이 우리의 죄 때문에 우리를 기다리고 있는, 아니 오히려 우리 위에 임한 모든 저주가 그에게 옮겨짐으로서 우리로부터 제거되도록 해야 했기 때문이었다.

아버지께서는 죄에 대한 저주가 그리스도의 육신에 옮겨질 때 죄의 세력을 멸하셨다.

불의로 인한 더러움을 제하여 버리고자 했을 때 하나님께서는 이를 그리스도에게 전가시키셨다.

그리고 피는 성경 어디에서나 구속의 방식을 논할 때 나오곤 하는 것이다. 그러나 그리스도께서 흘리신 피는 만족을 위해서만 아니라 우리의 더러움을 씻어 주는 물두멍의 역할을 하였다.

7. "죽으시고 묻히시며"

그는 친히 죽음을 따랐지만 그 죽음의 세력에 압도당해 버린 것이 아니고 그것이 우리를 위협하고 우리의 쓰러진 상태를 보고 기뻐 날뛰었을 때 결정타를 가한 것이다. 마지막으로 그 목적은 사망의 세력을 잡은 자 곧 마귀를 없이 하시며 또 죽기를 무서워하므로 일생에 매어 종노릇하는 모든 자들을 놓아주려 함이었던 것이다(히 2:14-15). 이것이 그의 죽음이 우리에게 가져다 준 첫 열매인 것이다.

둘째 효과는 다음과 같다. 즉 우리가 그것에 참여함으로서 그의 죽음은 우리의 지상적인 지체가 죽어 버림으로서 더 이상 효능을 다하지 못하게 하였고 또 우리 안에 있는 옛 사람을 죽여 버림으로서 번영과 열매를 맺지 못하도록 한 것이다.

우리로 하여금 그리스도의 죽음과 장사에 이중적인 축복을 누리게 했는데 그것은 우리가 묶여 있던 죽음으로부터의 해방과 우리 육신의 죽임 등 두 가지이다.

8. "음부로 내려감"

그가 음부에 내려간 사실도 빠뜨리지 말아야 하는데 이는 그것이 속죄의 완성에 적지 않은 의의를 갖고 있기 때문이다.

9. 음부에서의 그리스도?

나는 그리스도께서 그들에게 성령의 권능으로 훤히 비추어 보임으로서 그들로 하여금 그들이 맛보기를 바라던 은총이 그 때 세상에 보여 주었다는 사실을 깨닫도록 해 주었다고 받아들인다.

벧전 3:19의 베드로의 의도는 그리스도의 죽음의 힘을 찬양하는데 있었는데 즉 그 힘이 죽은 자들에게까지 침투되었고 동시에 경건한 자들의 영혼은 그들이 그렇게 간절히 기다리던 그리스도를 직접 목격했으며 그 반면 악한 자들은 모든 구원으로부터 완전히 배제되었다는 것을 분명히 알려준 것이기 때문이다.

10. 우리를 위한 그리스도께서 짊어지신 영적 고통에 대한 표현인 "음부에 내려가심"

만약 주의 고난이 육체의 죽음만을 의미한다면 그것은 아무 효력이 없었을 것이다. 아니다. 그는 동시에 하나님의 진노를 진정하고 그의 공의로우신 심판을 만족케하기 위하여 하나님의 보복이라는 엄한 벌을 이겨내는 것이 중요했다. 이러한 이유 때문에 그는 지옥의 군대 및 영원한 죽음의 공포와 결투하고 백병전을 벌여야 했다.

11. 이러한 설명에 대한 성경적 옹호

이제 그리스도의 고통은 보통 슬픔이나 가벼운 이유에 의해서 받은 것이 아니라는 것은 곧 더 분명해질 것이다. 그러므로 마귀의 권세와 죽음의 공포와 그리고 지옥의 고통과 백병전을 벌임으로서 그는 이들을 이기고 개선하였는데 이는 우리가 더 이상 우리의 왕이 삼켜버린 것들을 두려워하지 않게 하려 하심이다(벧전 3:22 참조).

13. "사흘만에 죽은 자 가운데서 다시 살아나시며"

그의 죽음을 통해서는 죄가 제거되고 죽음이 소멸되었으며 그의 부활을 통해서는 의가 회복되고 생명이 되살아나 그의 죽음이 우리 안에서 능력과 효력을 나타내게 되었는데 그 때에 하늘의 권능을 나타내 보이셨기 때문에 이는 그의 신성을 보여주는 맑은 거울이요 또 우리의 신앙의 확고한 기둥이 되는 것이다(고후 13:4).

또 우리가 그리스도와 함께 다시 살아남으로 위에 있는 것을 찾을지언정 땅에 있는 것을 찾지 않도록 해야 한다고 추론하고 있다(골 3:1-2). 이상과 같은 말을 볼 때 우리는 다시 살아나신 그리스도를 본받음으로서 새로운 삶을 추구하도록 인정되어야 할 뿐만 아니라 그의 권능을 통하여 의로 거듭나야 한다는 것을 배워야 한다.

또 그의 부활로부터 세 번째 유익을 받는다. 그의 부활은 우리들 자신의 부활에 대한 가장 실질적인 보증이 된다.

14. "하늘에 오르사"

그리스도의 부활과 승천이 결부된다는 것은 매우 적절한 것이다.

실로 우리는 그가 그 때 얼마만큼 풍성하게 그의 성령을 부어 주었으며 얼마나 놀랍도록 그의 나라를 증진시켰으며 얼마나 큰 권능을 과시해서 자기 백성을 돕고 원수들을 흩어 버렸는가를 본다. 그러므로 그의 승천에 의해 그의 육체적인 임재는 우리의 눈에서 사라졌지만(행 1:9) 그것은 신자들이 지상 순례 생활동안 그들과 함께 하는 것을 그치는 것이 아니고 더 효과적인 권세를 가지고 하늘과 땅을 다스리기 위한 것이었다. 그러나 그의 승천으로 말미암아 그는 약속한 바를 성취하셨는데 이는 "그가 세상 끝까지 우리와 함께 하시겠다"는 약속이다. 그의 육체가 모든 하늘 위에 높이 들리워진 것과 같이 그의 권능과 효력도 하늘과 땅의 모든 한계를 넘어 전파 확대되었다.

15. "아버지 우편에 앉아 계시다가"

아버지께서 그리스도를 높이시고 그의 손을 통하여 지배하고자 그를 하나님의 우편에 영접한 것이다.

그러면 우리는 앉은 것의 목적이 무엇임을 알 수 있겠다. 그것은 하늘과 땅의 피조물들이 그의 위엄을 우러러보게 하여 그의 손아래 다스림을 받고 그의 명령을 순응하고 그의 힘에 복종하게 하는데 있는 것이다.

여기서 "앉았다"는 말은 그의 육체의 상태를 말하는 것이 아니고 그의 지배의 위엄을 논하고 있는 것이기 때문이다. 따라서 "앉는다"는 말은 하늘에 있는 심판 보좌에서 주재(主宰)한다는 것 외에 다른 뜻이 없다.

16. 그리스도의 승천이 우리의 신앙에 부여된 은혜

그의 승천으로부터 우리의 신앙은 많은 유익을 받는다. 첫째로, 주님의 승천으로 아담 이후 계속 닫혀있던 하늘 나라에 들어가는 길을 열었다(요 14:3). 그가 우리의 육신으로 마치 우리의 이름을 가지고 하늘로 들어간 것과 같은데 이것은 사도가 말한대로, 어떤 뜻으로 보면 우리가 이미 "예수 안에서 함께 하나님과 하늘에 앉게 된 것"과 같아서(엡 2:6) 이제 우리는 하늘을 비단 하나의 희망 뿐으로 기다리는 것이 아니라 우리의 머리되시는 그리스도를 통하여 하늘을 이미 소유한 것이다.

둘째로, 신앙이 인정하는 바와 같이 그리스도께서 아버지와 함께 거하신다는 것은 우리가 받은 크나큰 유익이다. 왜냐하면, 그가 사람의 손으로 짓지 아니한 지성소에 들어간 후 그는 아버지의 면전에서 우리를 부단히 변호하시는 변호자와 중보자로 나타나셨기 때문이다(히 7:25; 9:11-12; 롬 8:34). 그리하여 그는 아버지의 눈을 그 자신의 의를 향하게 하여 우리의 죄를 보는 눈을 돌림으로 아버지의 심정을 우리와 화해시켜 그의 중보하심에 의해 우리로 하여금 아버지의 보좌에 가까이 나가는 길을 준비해 준다.

셋째로, 신앙은 그리스도의 권능을 이해하는데, 우리의 강함, 힘, 부요함 및 음부를 이기는 영광(승리) 등이 그러한 권능 안에 있다. "그가 위로 올라가실 때에 사로잡힌 자를 사로잡고"(엡 4:8). 그 원수들을 타파하고 나서 그 자신의 택한 백성들을 부요하게 하셨고 날마다 그들에게 신령하고 풍성한 보화로 배부르게 해주신다.

17. "저리로서 산 자와 죽은 자를 심판하러 오시리라"

그리스도께서는 자신의 백성에게 현재 임재하고 있는 권능에 관해 분명히 증거하고 있다. 그러나 지상에서는 그의 나라가 말하자면 육신의 비천한 가운데 감추어져 있다. 그러므로 마지막 날에 입증될 그리스도의 가시적 임재를 주목하도록 신앙에 요구될 것은 옳다.

19. 신경의 모든 구절에는 그리스도만 있다.

우리는 우리의 구원 전체와 모든 부분이 그리스도 안에 포함되어 있음을 보았다(행 4:12). 구원의 사소한 부분일지라도 다른 곳으로부터 끌어들이는 일이 없도록 유의해야 하겠다. 우리가 구원을 추구한다면 하나님께로부터 나오는 예수라는 바로 그 이름에 의해서 배웠다(고전 1:30). 그리고 우리가 성령으로부터 오는 다른 은사들을 구한다면 그것은 그의 기름부음 가운데서 찾을 수 있을 것이다. 또 우리가 힘을 구하는 경우에는 그의 지배 가운데서 순결은 그의 잉태 가운데서, 온유는 그의 탄생 가운데서 찾을 수 있다.

요컨대 모든 종류의 좋은 것이 그 안에 풍성하게 축적되어 있으니 만큼 우리는 다른 곳으로부터가 아니고 이 샘으로부터 차도록 마셔야 할 것이다.

제 17 장
그리스도께서 자신의 공로로 하나님의 은혜와 구원을 우리에게 주셨다는 말은 합당하다.

1. 그리스도의 공로가 하나님의 값없이 주시는 은총을 제거하지 않으며, 그것에 뒤따른다.

우리는 우리의 머리되시는 그리스도가 은총의 기반임을 인정하여야 한다. 이 샘으로부터 각자의 분량에 따라 모든 지체를 통하여 흘러온다.

그리스도의 공로를 논함에 있어서 우리는 공로의 시작이 그가 아닌 하나님의 작정으로까지 소급하여 올라가서 본다. 왜냐하면, 하나님은 우리를 위한 구원을 얻을 수 있도록 그의 기쁘신 뜻 가운데서 유독 그를 중보자로 세우셨기 때문이다.

요약하면 다음과 같다. 그리스도의 공로가 우리를 위하여 이런 방식의 구원을 주시도록 정하고 있는 하나님의 은총에만 의존하고 있으므로 그리스도의 공로는 그에 선행하는 원인에 조금도 뒤지지 않고 모든 인간의 의와 필연적으로 대립된다.

2. 성경은 하나님의 은총과 그리스도의 공적을 결합시킨다.

요 3:16 에서 하나님의 사랑이 제 일위를 차지하고 있음을 본다. 말하자면 최고의 원인 또는 기원이 되고 있다는 것이다. 이에 이어서 "그리스도를 믿는 신앙"이 제 이위 및 후속적인 원인임을 알 수 있다.

그리스도께서는 그가 획득한 것을 우리에게 주신다는 말이 되는 것이다. 왜냐하면, 만약 그렇지 않으면 은혜가 그리스도의 것이요 그로부터 나온다는 찬미를 아버지와는 별도로 그에게 돌리는 것이 타당치 않기 때문이다.

3. 성경의 증거에 나타난 그리스도의 공로

그리스도께서는 그의 순종으로서 우리를 위하여 하나님 아버지의 은혜를 입었고 공로를 얻었다.

화목이란 하나님의 진노가 선행하지 않고서는 일어날 수 없다. 그러므로 그 의미는 우리가 지은 죄 때문에 우리를 증오하시는 하나님이 그 아들의 죽음을 통하여 진정되어 우리에게 자비를 베풀게 되었다는 것이다.

4. 그리스도의 대속

그리스도의 공로로 우리가 은혜를 입게 됐다고 말할 때 그것은 그의 피로 말미암아 우리가 정결함을 받았고 그의 죽음은 우리 죄를 위한 보상물이 되었다는 의미이다. "그의 피가 우리를 모든 죄에서 깨끗케 하실 것이요"(요일 1:7) "이것은 죄사함을 얻게 하려고······ 흘리는 바 나의 피니라"(마 26:28;눅 22:20) 만약 그리스도의 피흘림으로 우리의 죄가 우리에게 전가되지 않은 효과가 있다고 하면 그것은 곧 하나님의 심판이 그 피 값으로 만족함이 되었다는 말이다.

5. 그리스도의 죽음은 우리를 구속하기 위한 대가이다.

사도들은 "그리스도 예수 안에 구속으로 말미암아 하나님의 은혜로 값없이 의롭다 하심을 얻은 자 되었느니라 이 예수를 하나님이 그 피로 인하여 믿음으로 말미암은 화목 제물로 세우셨느니라"(롬 3:24-25)고 명백히 말하고 있다.

또 우리에게 "의를 얻어 하나님의 심판대 앞에 확고히 서기 위하여 그리스도의 피로 피난처를 삼으라"(롬 3:25)고 명하고 있다.

구원은 그리스도를 통하여 우리에게 주어졌을 뿐 아니라 그의 은혜로 말미암아 하나님 아버지께서는 이제 우리와 화해케 되었다.

제III권
그리스도의 은혜를 받는 방법

●

그로부터 어떤 유익이 우리에게 오며
어떤 결과가 따르는가?

제 1 장
그리스도에 대한 말씀은 성령의 신비한 역사를 통해 우리에게 유익을 준다.

1. 우리를 그리스도께 연합시켜 주시는 띠로서의 성령

우리는 이제 다음 문제를 검토해야 한다. 즉, 성부께서 그리스도 자신의 사적인 용도를 위해서가 아니라 가난하고 곤궁한 사람들을 부유하게 하기 위하여 독생자에게 주신 그 유익들을 우리는 어떻게 받는가 하는 문제이다. 우선 우리는 그리스도가 우리밖에 머물고 계시고 우리가 그와 분리되어 있는 한, 그가 인류의 구원을 위해 받으신 모든 고난과 행하신 모든 일들이 우리에게는 여전히 무익하고 무가치하다는 것을 이해해야 한다. 그러므로 그는 자신이 아버지께로부터 받으신 것을 우리와 함께 나누시기 위하여 우리의 소유가 되시고 우리 속에 거하셔야 했다. 이러한 이유로, 그는 우리의 "머리"(엡 4:15)이며, "많은 형제 중에서 맏아들"(롬 8:29)이며 우리는 "그에게 접붙임" 되며(롬 11:17) "그리스도로 옷 입는다"(갈 3:27)고 한다. 그 이유는 이미 말한 바와 같이, 우리가 그와 한 몸이 되기까지 자라나지 않는 한 그가 가지신 모든 것이 우리에게는 아무런 의미도 없기 때문이다. 우리가 믿음으로 이것을 얻는다는 것은 사실이다. 그러나 복음을 통해 제공된 그리스도와의 친교를 모든 사람들이 일률적으로 받아들이는 것은 아니므로, 이성적으로 판단하건대, 우리로 하여금 그리스도와 그의 모든 유익들을 누리게 하는 성령의 신비한 능력을 더 높은 견지에서 고찰해야 할 것이다.

요컨대, 성령은 그리스도와 우리를 효과적으로 결합시켜 주시는 띠(bend)이시다.

2. 그리스도께서는 성령을 어떻게 또 왜 받으셨는가?

우리는 그리스도께서 특별한 목적으로 성령을 받으시게 되었다는 것을 염두에 두어야 한다. 즉, 그것은 우리를 세상에서 분리시키고 불러모아 영원한 기업을 소망하는 무리로 만드시려는 것이었다.

또한 우리는 하나님의 영원한 말씀이신 그리스도가 동일한 성령 안에서 아버지와 결합되실 뿐만 아니라 중보자로서의 성격을 지니고 계시기 때문에, 성령은 "그리스도의 영"이라 불리우신다는 것을 알아야겠다.

성령의 교통하심이 없이는 아무도 하나님의 아버지로서의 사랑과 그리스도의 은혜를 맛볼 수 없기 때문이다.

3. 성경에 나타난 성령의 칭호

우선, 성령은 하나님 아버지께서 우리의 아버지가 되시기 위해 그의 사랑하시는 독생자 안에서 우리를 포용하신 그 풍성하신 자비를 우리에게 증거하시는 분이시기 때문에 "양자의 영"이라 불리우신다.

같은 이유로, 성령은 우리 기업의 "보증이며 인(印)이라 불리우신다(고후 1:22, 참조, 엡 1:14)

또한 성령은 의로 말미암은 "생명"이라 불리우신다(참조, 롬 8:10).

성령은 은밀하게 물을 주심으로써 우리를 열매 맺는 땅으로 만들어 의의 싹을 내게 하시므로 자주 "물"이라 불리운다.

때로 성령은 깨끗케 하시고 정화시키는 능력으로 인하여 그렇게 불리우신다. 즉 에스겔서에서 주님은 자기 백성의 "더러움을 씻으시기"위해 "맑은 물"을 약속하시기 때문이다(겔 36:25).

성령은 그의 은혜를 부어 생명의 활기를 회복하고 영양을 공급하므로 "기름(부음)"이라 불리운다(요일 2:20,27).

성령은 우리의 사악하고 무절제한 욕망들을 지속적으로 없애버리시고 소멸시키시는 한편 우리의 마음을 하나님의 사랑과 열렬한 헌신으로 불타오르게 하신다. 성령이 우리에게 이러한 영향을 주기 때문에 역시 "불"이라고도 불리우는데, 이는 정당하다(눅 3:16).

요컨대, 성령은 하늘에 속한 모든 부요가 그곳으로부터 흘러나와 우리에게 미치는 "샘"(요 4:14)으로 묘사되기도 하고, 하나님께서 그것으로써 그의 힘을 행사하시는 "주의 손"(행 11:21)으로 묘사되기도 한다.

그리스도께서는 성령에 의해서만 자신을 우리와 결합시키신다.

4. 성령의 역사로써의 믿음

믿음은 성령의 가장 중요한 역사이다. 따라서, 성령의 능력과 역사하심을 표현하기 위해 보통 사용되는 용어들은 주로 믿음과 관련된다. 믿음에 의해서만 성령은 우리를 복음의 빛 가운데로 인도할 수 있는데, 이는 요한이 가르친 바와 같다.

성령은 우리를 위해 천국의 보고를 여는 열쇠라 불리우고(참조, 계 3:7), 성령의 조명은 우리 통찰력의 예리함이라 불리우는데,

이는 옳은 말이다.

바울이 "성령의 사역"(고후 3:6)을 그토록 높이 평가하는 이유는, 만일 우리 속에 계시는 교장선생이신 그리스도께서 아버지께서 자기에게 주신 자들을 성령을 통해 자기 자신에게로 이끄시지 못한다면(참조, 요 6:44, 12:32, 17:6), 교사들이 아무리 외쳐도 무효할 것이기 때문이다.

제 2 장
믿음: 그 정의와 속성에 대한 설명

1. 하나님과 그리스도: 신앙의 대상

우리는 이 믿음이 어떤 것인가를 검토해야겠다. 하나님께서 자기 자녀로 입양하신 자들은 이 믿음을 통해서 천국을 소유하게 되고, 단순한 견해나 평범한 신념에 의해서 그러한 위대한 일이 일어날 수 없음이 확실하기 때문이다. 이러한 점에서 오늘날 많은 사람들이 위험하게도 기만당하기 때문에 우리는 보다 큰 관심과 열정을 가지고 믿음의 참된 특성을 검토하고 연구해야 한다.

그리스도를 통하지 않고는(요 14:6), 아무도 생명의 원천이신 (시 36:9) 아버지께 이를 수 없다. 그리스도만이 아버지를 알고 계시고, 그 후에 그리스도의 소원대로 계시를 받는 자들만이 아버지를 알게 되기 때문이다(눅 10:22).

진실로, 믿음이란 유일하신 하나님을 바라보는 것임은 사실이다. 그러나 여기에 또한 "그의 보내신 자 예수 그리스도를 아는 것"(요 17:3)이란 내용도 첨가해야 할 것이다.

베드로도 그리스도를 통하여 우리가 하나님을 믿는다고 말하면서(벧전 1:21), 양자를 매우 의미있게 연결시킨다.

2. 믿음은 신앙심을 빙자한 무지에 있지 않고 신앙의 지식에 근거한다.

이 악한 생각은 스콜라학파의 잘못으로 돌려야 한다. 말하자면 그들은 그리스도를 감추기 위해 그에게 베일을 씌웠다. 만일 우리가 그리스도를 직시하지 않으면 끝없는 미로를 헤매게 될 것이다.

그런데 그들은 믿음을 모호하게 정의함으로써 믿음의 완전한 의미를 약화시키고 거의 소멸시킬 뿐만 아니라, "맹신"이라는 허구를 만들어 내었다.

믿음은 무지에 근거하는 것이 아니라 지식에 근거한다. 그리고 이 지식은 실로 하나님에 대한 지식뿐만 아니라, 하나님의 뜻에 대한 지식을 가리킨다.

3. "맹목적" 믿음이라는 로마 교회의 교리는 근본적으로 잘못됐다.

왜냐하면 믿음은 하나님과 그리스도에 대한 지식(요 17:3)에 근거하고, 교회를 떠받드는 것에 근거하지 않기 때문이다.

5. 믿음의 필수적 선행조건으로서의 "맹목적"신앙

또한 우리는 엄밀히 말해 아직 신앙의 준비단계에 불과한 그러한 믿음을 맹목적이라 부를 수 있다.

초보적인 원리조차도 아직 모르는 사람들도 들으려는 마음을 가지고 있으면 "믿는 자들"이라고 불리운 것이 분명하다.

하나님께서 자비로우시게도 그러한 경건한 심적 성향을 귀하게 보시고 큰 영광을 부여해주시는 까닭에 그러하다.

6. 믿음은 하나님의 말씀에 근거한다.

만일 우리가 그리스도를 아버지께서 제시하시는 대로, 즉 복음의 옷을 입고 계시는 그리스도로 받아들인다면, 그리스도를 참되게 알게 될 것이다. 왜냐하면 그리스도가 우리 신앙의 목표로 정해지신 것처럼, 복음이 우리를 인도해 주지 않는다면 우리는 그리스도께 이르는 올바른 길에 들어설 수 없기 때문이다. 그 길에는 확실히 은혜의 보고가 우리에게 열려 있다. 만일 은총의 보고가 닫혀 있다면, 그리스도께서는 우리에게 거의 유익을 주시지 못할 것이기 때문이다.

말씀은 믿음을 지탱하고 유지시키는 근거가 된다. 만일 믿음이 말씀으로부터 떠나게 되면, 믿음은 무너진다. 그러므로 말씀 없이는 믿음이 존재하지 않을 것이다.

말씀 그 자체가 거울과 같고 그 안에서 믿음으로 하나님을 바라볼 수 있게 한다고 말할 수 있다.

우리는 믿음이 우리에 대한 하나님의 뜻이 무엇인지 아는 것이라고 보고, 그러한 하나님의 뜻은 그의 말씀으로부터 지각된다고 주장한다.

7. 믿음은 그리스도 안에서 은혜를 주시겠다는 하나님의 약속에서 생겨난다.

믿음이란 우리를 향한 하나님의 자비를 확고하고도 확실하게 아는 것이라고 말할 수 있다. 그리고 이러한 지식은 그리스도 안에서 값없이 주어진 약속의 신실성에 근거를 두고 있고, 성령으로 말미암아 우리의 정신에 계시되었을 뿐 아니라 우리의 마음에 인친 바 된 것이다.

8. "형성된" 믿음과 "미형성된" 믿음

우리의 과제는 다만 믿음의 본질을 하나님의 말씀에 나타난대로 설명하는 일이다.

우리는 그들이 동의하는 것에 경건성이 보태어질 때 믿음이 "형성된다"고 하는 말이 어리석은 말이라고 한마디로 확증한다. 왜냐하면 동의하는 행위조차도 이미 경건성에 의존하고 있기 때문이다.

믿음은 아버지께서 우리에게 제시해 주신 그대로 그리스도를 수용하기 때문에(참조, 요 6:29), 다시 말해서 그리스도는 의와 죄 용서 뿐만 아니라 성화(참조, 고전 1:30)와 생수의 근원(요 7:38; 참조, 요 4:14)을 제공하기 위한 분으로 제시되어 있기 때문에, 성령의 성화 사역을 이해하지 못하면 아무도 그리스도를 올바르게 알 수 없음은 확실하다. 좀더 쉽게 말하자면, 믿음은 그리스도에 대한 지식에 의존한다는 것이다.

그리고 그리스도는 성령의 성화 사역이 없이는 알 수 없다는 것이다. 그러므로 믿음은 경건한 것을 좋아하는 성향과 결코 분리될 수 없는 것이다.

13. 성경에 나오는 "믿음"이란 단어의 다양한 의미

우리는 "믿음"이란 단어의 의미가 모호하다는 것을 알아야 한다. 흔히 믿음이란, 방금 인용한 구절에서와 같이, 단지 경건에 대한 건전한 교리를 의미하는 때가 많다.

믿음을 확대하여 하늘에 속한 교리 전체로 보는 것은 옳으며, 믿음을 그 교리에서 분리할 수는 없다.

믿음은 때로 어떤 특별한 대상에 국한되기도 한다.

바울은 다른 구절에서 우리를 믿음 안에 세워주는 가르침과 믿음을 동일시한다.

그러나 우리는 지금 하나님의 자녀들과 구별지어주는 그러한 믿음이란 도대체 어떤 종류의 믿음이냐를 묻고 있다. 이러한 믿음은 우리가 하나님을 아버지라 부를 수 있게 하고 우리를 죽음으로부터 생명으로 옮기며, 영원한 구원이요 생명이신 그리스도께서 우리 안에 거하실 수 있게 한다. 이상에서 나는 믿음의 의미와 성격을 간단명료하게 설명했다고 생각한다.

14. 보다 고상한 지식으로서의 믿음

우리가 믿음을 "지식"이라 부를 때, 이것은 인간의 감각적 지각의 대상이 되는 것들과 일반적으로 관련된 그러한 종류의 이해를 의미하지 않는다. 왜냐하면 믿음은 감각을 훨씬 초월한 것이기 때문에 인간의 정신은 믿음에 도달하기 위해 자신을 초월하고 넘어가야 하기 때문이다.

요한은 믿음을 "지식"이라 부른다. 요한은 신자들이 스스로 자신이 하나님의 자녀인 것을 안다고 선포한다(요일 3:2). 그들이 이러한 사실을 확실히 알고 있음은 명백하다. 그러한 그들은 합리적인 증거를 통해 가르침 받기보다는 하나님의 진리에 대한 확신을 통해 더욱 강하여진다.

　이러한 사실로부터 우리는 믿음의 지식이 이해가 아니라 확신이라고 결론짓는다.

16. 믿음의 확신

　사도는 천국의 유업을 확신있게 자랑하는 사람만이 주님께 올바르게 소망을 둘 수 있다고 생각하는 것이다. 다시 말하건대, 구원의 확증에 의거하여 마귀와 사망에 대해 확실히 승리를 거두는 사람만이 신자이다.

　그러므로 동일한 의미에서 사도는 우리가 부름을 받아 가지게 된 영원한 기업에 대한 소망이 무엇인지 분간하지 못한다면 우리의 마음 눈이 올바로 조명되었다고 생각하지 않는다(엡 1:18).

17. 시험과 싸울 때의 믿음

　확실히 우리는 믿음이 확실하고 확고한 것이어야 한다고 가르치면서 의심의 기미가 없는 확증이나 어떤 불안에 의해 침식당하지 않는 확신은 상상할 수 없다. 반면에 우리는 신자들이 그들의 본래 가졌던 불신앙과 부단히 싸우고 있다고 말한다.

18. 신자의 내면적 갈등

　육과 영의 분열을 재언급할 필요가 있다.

　경건한 영혼은 그 속에서 분열을 경험한다.

　경건한 영혼은 한편 하나님의 선하심을 앎으로써 얻은 감미로움에 젖어 있으면서, 다른 한편 재앙을 인식함으로써 오는 쓰라림을 슬퍼하기 때문이며, 한편 복음의 약속을 의지하면서 다른 한편 자신의 불의를 보고 두려워 떨기 때문이고, 한편 삶의 기대를 즐거워하면서 다른 한편 죽음 앞에서 전율하기 때문이다.

20. 믿음의 부정적인 면과 긍정적인 면

우리 마음은 특히 본능적으로 불신앙으로 기울어지는 경향이 있기 때문에 극도의 회의와 불안이 무지로 둘러싸인 채 그것과 뒤섞여 있다.

불신앙은 그것을 무기로 삼고 거기에서 계략을 얻어 믿음을 무너뜨리려 한다.

24. 확고 부동한 믿음의 확신은 그리스도께서 우리와 하나가 되시기 때문이다.

사단은 믿음의 확신을 깨뜨리기 위해서 예전에 곧잘 노골적인 수단이 이제는 소용없이 된 것을 알고 은밀한 수단으로 믿음을 약화시키려고 한다.

우리가 그리스도께서 부터 구원을 기다리는 것은 그가 우리에게 멀리 나타나시기 때문이 아니라 우리를 그의 몸에 접붙이셔서 그의 모든 은혜뿐만 아니라 그 자신에게 참여하는 자가 되게 하시기 때문이다.

그리스도께서는 우리밖에 계시는 것이 아니라 우리 안에 거하신다는 것이다. 그리스도께서는 끊을 수 없는 교제의 유대로 우리와 결합하실 뿐 아니라 놀라운 영적 교제에 의해서 날이 갈수록 더욱 더 우리와 한 몸이 되시며, 마침내는 우리와 완전히 하나가 되신다.

어떤 일이 일어나더라도 믿음은 끊임없이 하나님을 간절히 찾는다.

28. 믿음이 보증하는 것은 세속적인 번영이 아니라 하나님의 은혜이다.

그런데 믿음이 보통 하나님의 자비하심을 바라보는 것이라면, 우리는 그러한 하나님의 자비하심을 받아 구원과 영생을 소유한 것을 안다.

믿음은 확실히 이 세상에서의 장수나 부귀를 약속하지 않는다. 하나님께서는 우리를 위하여 이러한 것들을 정하시기를 바라지 않으셨다. 믿음은 다음과 같은 확신으로 만족한다. 곧 현세의 생명을 유지하는데 필요한 많은 것들이 비록 우리에게 없을지라도 하나님께서는 결코 우리를 버리지 않으실 것이라는 확신이다. 뿐만 아니라, 믿음이 가진 가장 중요한 확신은 내세를 기대하는 데 있는데, 하나님의 말씀은 내세를 의심할 여지가 없는 것이라 단정한다.

29. 믿음을 뒷받침하는 하나님의 약속

믿음은 원래 약속으로 출발하여 약속에 근거하며 약속으로 끝나는 것이다. 믿음은 하나님 안에서 생명을 구하는 것이므로 이 생명은 계명이나 징벌에 대한 선언에서 찾아볼 수 있는 것이 아니라, 자비에 대한 약속과 너그러운 약속에서만 찾을 수 있다. 우리 자신의 행위를 요구하는 조건부의 약속은 우리가 우리 자신 안에서 생명을 발견하지 못한다면 생명을 약속하지 않는다. 그러므로 우리의 믿음이 떨며 흔들리지 않게 하려면, 구원의 약속으로 그것을 강화해야 한다.

30. 믿음이 은혜에 대한 약속만을 토대로 삼는 이유

우리의 의도는 다음 두 가지 점을 강조하려는 것이다. 첫째로, 사람은 값없이 주신 약속을 붙잡기까지는 확고한 믿음 위에 설 수 없다. 둘째로, 믿음이 우리를 그리스도에 연결하지 않으면 믿음은 결코 우리와 하나님을 화해시키지 못한다.

그러므로 믿음이 하나님의 자비를 근거로 하지 않는다면, 견고한 조건을 가질 수 없다. 그런데 우리는 무슨 목적으로 믿음을 논하는가? 구원의 길을 파악하기 위함이 아닌가? 그러나 믿음이 우리를 그리스도의 몸에 접붙이지 않는다면 어떻게 구원하는 믿음이 될 수 있는가?

바울은 정당하게도 복음을 "믿음의 말씀"이라고 부른다(롬 10:8).

31. 믿음에 대하여 말씀이 가지는 의의

우리는 우선 믿음과 말씀의 관계를, 다음에는 그 결과인 구원을 주목하지 않을 수 없다.

그러나 한편 우리는 하나님의 권능에 대해서도 주목할 것이다. 왜냐하면, 이것에 대해서 믿음이 확고하지 않으면 하나님을 합당하게 공경할 수 없기 때문이다.

신앙은 언제나 하나님의 능력을 활용하고 필요로 한다.

곧 신앙은 하나님의 말씀의 지지를 얻지 않으면 소멸한다는 사실이 확증된다.

32. 그리스도 안에서 실현된 믿음의 약속

또 우리가 모든 약속을 그리스도와 관련시키는 데는 이유가 없지 않다. 사도는 복음 전체를 그리스도를 아는 지식 안에 포함시킨다(참조. 롬 1:17).

그리스도를 떠나서는 아무도 하나님의 사랑을 받을 수 없는데 이점은 논의할 여지는 없다.

우리는 어떤 약속이 우리에게 제시될 때는 반드시 그리스도를 주목해야 한다. 그리고 바울은 우리에게 하나님의 모든 약속이 그리스도 안에서 확증되고 실현된다고 정당하게 가르친다(롬 15:8).

그리스도에 대한 지식이 비록 그들에게(유대인들) 모호했다고는 하더라도 전혀 없었다고는 생각할 수 없다. 왜냐하면, 그들은 율법에 정한 제사를 드렸으며, 그 제사의 목표는 그리스도였고 따라서 율법의 제사는 이방인들의 거짓 제사와 구별되기 때문이다.

33. 말씀은 성령을 통해서 우리의 믿음에 영향을 미친다.

성령은 믿음을 생기게 할뿐 아니라 우리가 믿음으로 말미암아 천국에 인도될 때까지 믿음이 점점 자라게 하신다.

우리는 바울이 듣고 믿음으로써 성령을 받는다고 가르친 것을 (갈 3:2) 쉽게 설명할 수 있다. 만일, 성령의 은사가 하나뿐이라면, 바울이 성령을 "믿음의 결과"라고 한 것은 불합리한 말일 것이다. 성령은 믿음의 근원이며 원인이기 때문이다.

34. 성령만이 우리를 그리스도께로 인도하신다.

하나님의 영이 우리를 이끌어 주시지 않으면 우리는 그리스도께로 갈 수 없는 것같이, 이끌림을 받을 때 우리의 지성과 마음은 높이 들려 우리의 오성을 초월한다. 그 때에 영혼은 성령의 조명을 받아 말하자면 새로운 통찰력을 얻어, 이전에 눈이 부셔 볼 수 없었던 그 찬란한 하늘의 비밀을 응시하게 된다.

35. 성령이 없이 사람은 믿음을 가질 수 없다

그리스도께서는 그의 성령의 능력으로 우리를 조명하셔서 믿음을 가지게 하실 때 동시에 우리를 자신의 몸에 접붙이셔서 우리로 모든 좋은 것에 참여하게 하신다.

39. 그리스도인은 성령의 내주(內住)를 누린다

바울은 우리가 성령의 가르침을 받아 하나님을 "아버지"라고 부르며, 성령만이 우리의 영으로 더불어 "우리가 하나님의 자녀인 것을 증거"하신다고 가르친다(롬 8:16).

그리스도가 자기 안에 계신 것을 모른다면 그 사람은 버림받은 자다(고후 13:5). 요한은 "우리에게 주신 성령으로 말미암아 그가 우리 안에 거하시는 줄을 우리가 아느니라"고 말한다(요일 3:24, 4:13).

성령의 특별한 사역인 믿음을 성령에게서 분리시키려는 것은 성령을 해하는 것이 아니고 무엇인가? 이러한 사실들은 경건의 기본이기 때문에 성령의 임재를 감히 자랑하는 그리스도인들을 교만하다고 비난하는 것은 가장 가련한 무지의 소치이다. 이런 자랑이 없으면 기독교 자체가 성립되지 못한다!

40. 견인의 문제: 신앙의 확신

믿음의 확신을 어느 한 시점에 국한시키는 것이 얼마나 어리석은 일인가! 믿음은 본질상 현세 생활이 지나간 후에 있을 미래의 영생 불멸을 바라보는 것이다. 신자들은 성령의 조명을 받아 믿음을 통하여 하늘에서의 삶을 바라볼 수 있다는 사실을 하나님의 은혜로 돌린다.

41. 믿음과 소망은 서로 관련된다.

이 믿음이 살아있는 곳에서는 반드시 영원한 구원에 대한 소망이 불가분의 동반자로서 함께 있어야 한다. 보다 정확히 말한다면, 믿음은 그 자체에서 소망을 일으키며 낳는다.

믿음은 하나님을 우리의 아버지라고 믿으며, 소망은 그가 우리에게 대해서 언제나 아버지가 되어주실 것을 기대한다.

제 3 장
믿음으로 말미암은 우리의 중생: 회개

1. 믿음의 결과로서의 회개

믿음이 어떻게 그리스도를 소유하는가 그리고 믿음을 통하여 어떻게 그의 유익을 즐기는가를 우리는 어느 정도 가르쳤지만, 우리가 느끼는 결과에 대해서 설명을 더하지 않는다면 우리의 주장은 모호한 상태로 남아있을 것이다. 회개와 죄 용서가 복음의 요체라고 하는데는 합당한 이유가 있다(눅 24:47, 행 5:31).

회개와 죄 용서 곧 새로운 생활과 값없이 얻는 화해, 양자는 그리스도께서 우리에게 주시는 것이며, 우리는 믿음을 통해서 양자를 다 얻는다.

　복음 전도를 통해 죄가 용서됨을 알리는 목적은 죄인들이 사탄의 횡포와 죄의 멍에와 악의 비참한 속박에서 해방되어 하나님 나라로 옮겨지게 하려는 것이므로 이 복음의 은혜를 받아들인 사람은 반드시 과거 생활의 과오를 버리고 바른 길로 돌아서며 회개를 실천하는데 전력을 기울이게 된다.

5. 정의

　진정한 회개는 믿음을 떠나서 성립할 수 있는가? 결코 그럴 수 있는가? 결코 그럴 수 없다. 그러나 그것들은 서로 분리될 수는 없을 지라도 구별되어야 한다. 소망이 없는 믿음이 존재하지 않으나 믿음과 소망이 서로 다른 것과 같이, 회개와 믿음도 항구적인 줄로 묶여 있어서, 서로 결합할 필요는 있어도 혼동해서는 안 된다.

　그렇기 때문에 내가 판단컨대 회개의 올바른 정의는 다음과 같다. 곧 회개는 우리의 생활을 참으로 하나님께로 전향하는 것이며, 하나님을 순수하게 또 진실하게 두려워하기 때문에 전향하는 것이다. 그리고 회개는 옛 사람과 육의 죽임과 성령의 살림으로써 구성된다.

6. 회개는 하나님께로 돌아서는 것

　첫째로, 회개는 "생활을 하나님께로 전향하는 것"이라고 할 때에, 그것은 외면적인 행위뿐만 아니라 영혼 자체의 변화를 요구한다.

7. 회개는 하나님을 두려워 할 때에 일어난다.

두 번째 요점은 회개가 하나님을 진정으로 두려워 하는 데서 생긴다는 것이다. 이는 죄인의 마음이 회개를 하려면 먼저 하나님의 심판을 생각하고 각성되어야 하기 때문이다.

8. 회개의 구성 요소인 죽임과 살림

이제 세 번째 요점으로 회개는 육의 죽임과 영의 살림이라는 두 부분으로 이루어져 있다는 말을 설명할 차례가 남았다.

9. 그리스도 안에서의 중생

이 두 가지 일은 우리가 그리스도 안에 참여할 때에 일어난다.

그러므로 나는 한 마디로 회개를 중생이라고 해석한다. 중생의 유일한 목적은 아담의 범죄로 말미암아 일그러지고 거의 도말된 하나님의 형상을 우리 안에 회복시키는 것이다.

그리고 실로 이러한 회복은 한 순간이나 하루나 한 해에 이루어지는 것이 아니다. 하나님께서는 지속적으로, 때로는 서서히, 선택받은 사람들 속에서 육의 부패를 씻어 버리고, 그들의 죄를 깨끗케 하시며, 그들을 거룩한 성전들로서 자기에게 성별되게 하신다.

사람이 하나님의 모양에 접근하면 할수록 하나님의 형상은 그 사람 안에서 더욱 빛난다. 신자들이 이 목표에 도달할 수 있도록 하기 위해 하나님께서는 그들에게 평생동안 계속 달려야 하는 회개의 경주를 하도록 하신다.

14. 완전이라는 환상에 대한 반박

성령은 우리를 성화시키기 위해 우리에게 주신 바 되었다. 그는 우리의 부정과 불결을 씻어버리고 우리로 하나님의 의에 복종케 하신다.

우리가 육신을 입고 있는 동안은 많은 죄와 연약함에 얽혀있는 형편 속에서 성령의 성화를 통해 정결케 된다. 그래서 완전과는 아주 거리가 먼 우리는 꾸준히 전진해야 하며, 비록 죄 속에 얽혀 있지만 매일 그 죄와 싸워야 한다는 것이다.

19. 회개와 용서는 서로 관련되어 있다.

복음 전체가 회개와 죄 용서라는 두 표제로 표현될 수 있는 것이 사실이라면, 또 이것은 분명한 사실이지만, 주께서 자기 백성을 값없이 의롭다 하시는 것은 동시에 자신의 성령에 의한 성화를 통해서 그들을 진정한 의로 회복시키기 위함이 아닌가?

그렇게 인정함으로써 그들을 육을 죽이며 성령으로 새로 태어나기를 전심으로 갈망하게 하려는 것이다. 또 그는 하나님 나라를 선포함으로써 그들이 믿음 가운데로 초청하였다. 그가 하나님 나라가 가까이 왔다고 선포했을 때, 하나님 나라란 죄 용서와 구원과 생명과 그 밖에 우리가 그리스도 안에서 얻는 모든 것을 의미하였다.

그리스도께서도 오셔서 "때가 찼고 하나님 나라가 가까웠으니 회개하고 복음을 믿으라"고 전파하셨다(막 1:15). 우선 그는 자신 안에서 하나님의 자비의 보고(寶庫)가 열렸다고 선언하셨다. 다음에 회개를 요구하셨다. 그리고 마지막으로 하나님의 약속을 믿으라고 하셨다. 그러므로 복음 전체를 간략하게 요약하여, 자신의 "고난을 받고 그 이름으로 회개와 죄사함이 전파될 것"이라고 하셨다(눅 24:26,46-47).

제 4 장
스콜라 궤변가들의 회개론은 복음의 순수성과 얼마나 거리가 먼가: 고백과 보속설에 관한 논의

1. **스콜라 학파의 회개론**
 그들은 회개를 교묘하게 정의하여 마음의 통회와 입술의 고백과 행위의 보속으로 나눈다.

18. **완전한 고백을 요구하는데서 오는 악 영향**
 그들은 고백하겠다는 생각이 굳을 때에만 죄가 용서되며, 고백할 기회가 제공됐을 때 그것을 무시하는 사람에게는 낙원의 문이 닫힌다고 주장하지만, 우리는 그 주장을 결코 인정할 수 없는 것이다.
 죄 용서는 과거나 현재나 다름이 없다. 그리스도께로부터 죄 용서를 받았다는 말씀과 함께 거기에 어떤 고해 신부의 귀에 대고 고백했다는 말씀은 없다.

24. **요약**
 문제 전체는 다음 사실로 귀결된다. 즉, 그들이 하나님을 이 거짓 고백의 창시자로 만들려고 해도 소용없음이 논증된다.

우리의 구원은 죄 용서에 있고 이 죄용서는 하나님께 만 있는 가장 고유한 기능이기 때문이다.

26. 그리스도는 완전한 보속을 제공하셨다.

그리스도께서 죄를 대속한 유일한 제물이시고 유일한 화목제물이시며, 유일한 보속이시다. 죄를 용서하는 권리와 권한은 아버지께 고유한 것이며, 우리가 이미 본 바와 같이 이런 점에서 그는 아들과 구별되시지만, 여기서는 그리스도가 다른 지평 위에 놓여 있다. 즉, 그리스도께서는 우리가 받을 형벌을 대신 맡으시고 하나님의 심판대 앞에서 우리의 죄를 도말하셨기 때문이다.

27. 로마 교회의 교리는 그리스도에게서 영광을 탈취하며, 양심으로부터 확신을 빼앗는다.

우리의 죄를 그리스도께 전가시키며 그를 통하여 보상을 치른다고 하는 것과 우리의 행위로 죄에 대한 보상을 치른다고 하는 것과의 사이에는 그리고 그리스도께서 우리 죄를 위한 화목제물이라는 것과 우리의 행위로 하나님과 화해하는 것과의 사이에는 큰 차이가 있다.

제 5 장
보속에 첨가된 면죄부와 연옥

2. 면죄부는 성경에 위배된다

올바르게 말한다면, 이 면죄부들은 그리스도의 피를 더럽히는 것이며 하나님의 은혜와 그리스도 안에 있는 생명에서 그리스도인들을 분리시켜 구원의 진정한 길에서 벗어나게 하려는 악마적 간계이다. 죄 용서와 화해의 보속을 위해서 그리스도의 피만으로 충분하다는 것을 부인하는 것보다 더 그리스도의 피를 더럽히는 것이 어디 있겠는가?

5. 면죄부는 그리스도 은혜의 통일성과 포괄적 활동을 방해한다

하나님의 복음과 면죄부 이 둘 중의 하나가 거짓인 것은 분명하다. 바울은 복음을 통해서 그리스도와 함께 하늘의 모든 풍성한 은혜와 그리스도의 모든 공로와 그의 모든 의와 지혜와 은총들이 하나도 예외 없이 우리에게 제공된다고 증언한다.

제 6 장
그리스도인의 생활: 첫째로 성경은 어떤 논거로 우리에게 그것을 권고하는가?

1. 이 논설의 의도

앞에서 말한 바와 같이 중생의 목적은 신자의 생활에서 하나님의 의와 신자의 순종 사이에 조화와 일치를 드러내 보이고, 그렇게 함으로써 그들이 이미 받은 자녀로서의 양자 됨을 더욱 확고하게 하려는 것이다(갈 4:5; 참조. 벧후 1:10)

하나님의 율법에는 우리 안에서 그분의 형상을 회복시킬 수 있는 새로움이 내포되어 있다. 그러나 우리는 우둔하여 많은 채찍과 도움이 필요하므로 진심으로 회개한 사람들의 열정이 정도에서 벗어나지 않게 하기 위해서는 여러 가지 성경 구절에서 지침을 위한 한 모범을 만들어 내는 것이 유익한 것이다.

3. 그리스도인의 생활은 하나님의 일에 대한 가장 강한 동기를 그리스도의 인격과 그의 구속 행위에서 얻는다

성경은 하나님 아버지께서 그리스도 안에서 우리를 자신과 화해시키셨을 때에(참조. 고후 5:18), 그리스도 안에서 우리를 위하여 형상을 인치시고(참조. 히 1:3), 우리가 그 형상과 같이 되도록 하셨다는 것을 보여준다.

철학자들은 우리에게 특히 덕성에 대한 훈계를 할 때에, 단지 본성대로 살아야 한다고 할뿐이다. 그러나 성경은 진정한 근원으로부터 교훈을 이끌어낸다. 또한 성경은 우리의 생명의 창조자이시며 우리의 생명을 좌우하시는 하나님께 우리의 생명을 맡기라고 명할 뿐 아니라, 우리가 창조의 진정한 기원과 상태로부터 타락했다는 것을 가르친 후에 그리스도를 통해서 하나님의 은혜로 다시 돌아가게 된 우리 앞에 하나님께서는 그리스도를 모범으로 세우셨고 우리는 그 모범을 우리의 생활에서 표현해야 한다고 덧붙인다. 이 이상 더 효과적인 어떤 것을 요구할 수 있겠는가? 주께서 우리를 양자로 삼으실 때의 조건은 이것 하나 뿐이었다.

하나님께서 우리에게 자신의 아버지로서 나타내셨으므로 만일 우리가 자녀다운 생활을 보이지 않는다면, 우리는 배은망덕한 것이다(말 1:6; 엡 5:1; 요일 3:1). 그리스도께서 그 피로 우리를 씻어 깨끗케 하셨고 세례를 통하여 그 정결을 우리에게 나누어 주셨으므로 또 다시 더러움으로 우리 자신을 더럽히는 것은 부적절할 것이다(엡 5:26; 히 10:10; 고전 6:10; 벧전 1:15,19). 그리스도께서 우리를 자신의 몸에 접붙이셨으므로 우리가 그의 지체인 우리 자신에 어떠한 오점이나 결점으로 손상시키는 일이 없도록 특히 주의해야 한다(엡 5:23-33; 고전 6:15; 요 15:3-6). 우리의 머리이신 그리스도께서 몸소 승천하셨으므로 우리는 세상에 대한 사랑을 버리고 진심으로 하늘을 향하여 열망해야 한다(골 3:1 이하).

성령께서 우리를 성전으로서 하나님께 바치셨으므로 우리는 하나님의 영광이 우리를 통하여 하나님의 영광이 빛나도록 조심해야 하며 불결한 죄로 자신을 더럽혀서는 안된다(고전 3:16; 6:19; 고후 6:16). 우리의 영혼과 몸은 하늘의 순결과 시들지 않는 면류관을 받기로 정해졌으므로(벧전 5:4), 우리는 우리의 영과 육을 주의 날까지 순수하고 흠없게 보전하도록 단호하게 노력해야 한다(살전 5:23; 참조. 빌 1:10).

4. 그리스도인의 생활은 혀의 문제가 아니고, 가장 깊은 마음의 문제이다.

참으로, 복음의 말씀으로부터 그리스도에 대한 올바른 이해를 얻은 사람이 아니고는 그리스도와의 친교를 나눌 수 없다.

우리는 우리의 종교의 내용을 담고 있는 교리에 우선적인 자리를 주었다. 이는 우리의 구원이 교리와 더불어 시작되기 때문이다. 그러나 교리는 우리 마음속에 들어가서 우리의 일상생활을 통해 나타나고, 우리를 변화시켜 그 교리 자체에 동화시킴으로써 복음의 결실이 나타나도록 해야 한다.

제 7 장
그리스도인의 생활의 핵심: 자기부정

1. 우리는 우리 자신의 주인이 아니고 하나님께 속하였다

　우리는 우리 자신의 것이 아니다. 그러므로 우리의 이성이나 의지가 우리의 계획과 행동을 지배하지 못하게 해야 한다. 우리는 우리 자신의 것이 아니다. 그러므로 우리의 육을 따라 우리에게 유익한 것을 구하는 것을 목표로 세우지 말아야 한다. 우리는 자신의 것이 아니다. 그러므로 할 수 있는대로 우리 자신과 우리의 모든 소유를 잊어버려야 한다.

　우리는 하나님의 것이다. 그러므로 그를 위해 살고 그를 위해 죽어야 한다. 우리는 하나님의 것이다. 그러므로 그의 지혜와 그의 뜻이 우리의 모든 행동을 주관하게 해야 한다. 우리는 하나님의 것이다. 따라서 그를 우리의 유일하고 합당한 목표로 삼고 생활의 모든 부분이 그것을 향하여 노력해야 한다(롬 14:8; 참조, 고전 6:19).

　기독교 철학은 이성에게 성령에 양보하며 항복하며 복종하라고 명한다. 그리하여 이제부터는 자기 자신이 사는 것이 아니고 그리스도께서 자기 안에 사셔서 지배하시는 것을 들을 수 있게 된다(갈 2:20).

4. 자기 부정은 이웃에 대한 우리의 태도를 바르게 해준다

이런 말을 통해서 우리는 자기 부정이 일부는 인간과 관계되고 나머지 중요한 부분은 하나님과 관계된다는 것을 깨닫게 된다.

성경은 우리에게 남을 자기보다 낫게 여기며(빌 2:3), 진정한 믿음으로 다른 사람에게 선을 행하라고(참조, 롬 12:10)명한다. 그러나 우선 우리의 마음에서 본성의 감정을 비우지 않으면 우리는 이런 명령을 전혀 이해할 수 없다. 왜냐하면 우리 인간은 모두 자기 사랑에 빠져 눈이 멀었기 때문에 자기를 자랑하고 자기와 비교해서 다른 사람은 모두 무시하기 때문이다.

모든 사람은 각각 자기가 잘났다고 생각하며 그 마음속에 일종의 왕국을 가지고 있다.

6. 이웃에 대한 사랑은 사람의 태도에 달려있지 않고 하나님만을 바라본다

성경의 교훈에 의하면 우리는 인간 자체에 가치가 있다고 생각할 것이 아니라, 모든 사람 안에 있는 하나님의 형상을 바라보고 그에 대해서 존경과 사랑을 표시하라고 한다.

가령 "그가 비루하고 무가치하다"고 하자. 그러나 주께서는 그에게 자기의 아름다운 형상을 주셨다. 당신이 그 사람에게 봉사할 아무런 의무도 없다고 하자. 그러나 우리에게 많은 은혜를 주시고 자신에 대한 의무를 지우신 하나님께서 말하자면 그를 자신의 자리에 두시고 우리가 받은 은혜들을 그를 향해서 인정하라고 하신다.

그러나 그를 우리에게 추천하신 하나님의 형상에는 당신 자신과 당신의 전 소유를 바칠 가치가 있다.

8. 하나님께 대한 자기 부정은 그분의 뜻에 대한 헌신이다

우선 우리가 현세 생활에서 안락과 평온을 얻으려면, 우리 자신과 우리의 모든 소유를 주의 뜻에 맡기며, 우리 마음의 바램을 그에게 의탁하여 길들여지고 복종시키도록 하라고 성경은 권고한다.

따라서 자신의 계획에 따라 생활을 정하려고 하는 사람들이 모두 얼마나 마음이 불안한가를 볼 수 있다.

첫째로 주께서 주시는 축복 이외에 어떤 다른 방법으로 번영하겠다는 욕망이나 소망이 생각을 가지지 말아야 한다.

9. 하나님의 축복만을 의지하라

일이 번창하고 바람직한 결과를 얻으려면 모든 방법이 하나님이 내려주시는 축복을 의지해야만 한다.

제 8 장
십자가를 지는 것, 자기 부정의 한 부분

1. 그리스도의 십자가와 우리의 십자가

경건한 마음은 더 높은 곳으로, 즉 그리스도께서 그의 제자들에게 요구하신 높이까지 올라가야 할 필요가 있다. 그것은 바로 각자가 자신의 십자가를 지는 경지이다(마 16:24).

즉 각가지의 수많은 불행으로 가득찬 생애를 보낼 준비를 해야 한다. 이런 방법으로 자기의 자녀들을 훈련시켜 정해진 시련을 받도록 하는 것이 하늘 아버지의 뜻이다.
　그리스도와의 사귐을 가짐으로써 고난 자체가 우리에게 축복이 될 뿐 아니라 우리의 구원을 촉진하는 데 큰 도움이 된다.

7. 의를 위하여 고통을 받음
　가난도 그 자체로 평가한다면 불행이다. 마찬가지로 추방, 모욕, 감옥에 갇힘, 치욕 등도 불행이며, 결국 죽음은 최고의 재난이다. 그러나 하나님의 은혜가 우리 위에 머무를 때 이 모든 것이 우리에게 행복으로 바뀐다. 따라서 우리는 육의 그릇된 평가보다는 그리스도의 증거하심에 만족해야 한다.

11. 인내에 대한 철학적인 견해와 기독교적인 견해
　십자가를 지는 가장 중요한 이유를 우리가 하나님 뜻을 명상하는 데서 발견했으므로 철학적인 인내와 기독교적인 인내의 다른 점을 몇 마디로 정의해야겠다.
　단지 필요하기 때문에 우리가 하나님께 순종한다면 잘못이다. 그러나 성경은 하나님의 뜻을 전혀 다르게 생각하라고 명한다. 하나님의 뜻은 첫째는 의와 공평이요, 다음은 우리의 구원을 위한 관심이다.

제 9 장
내세에 대한 명상

1. 현세의 허무성

어떤 환난이 우리를 압박하든 간에 우리는 현세를 무시하는 습관을 들이고 그렇게 됨으로써 내세를 명상하도록 각성되기 위한 그 목적을 항상 바라보아야 한다. 우리의 본성이 이 세상에 대해서 얼마나 야수와 같은 애착을 가지고 있는가를 하나님께서는 제일 잘 아시기 때문에 우리가 이 애착에 너무 끈질기게 집착하지 않도록 우리를 끌어내시며 우리의 태만을 떨쳐버리기 위해 가장 적절한 방법을 사용하신다.

그들이 현세에서 깊고 안전한 평화를 얻으리라고 자신하지 않도록 전쟁이나 소요로 강도나 기타상해로, 그들의 마음이 걱정하고 애태우게 하신다. 그들이 허망하고 일시적인 재물을 지나치게 갈망하지 않도록 또 이미 소유한 것을 너무 신뢰하지 않게 하시려고 주께서는 추방으로, 흉작으로, 화재로 혹은 다른 방법으로 그들을 가난으로 몰아 넣으시며 적어도 적절한 상태에 놓이도록 제한하신다. 그들이 안심하고 결혼생활의 유익에서 기쁨을 얻지 못하도록 주께서는 아내의 비행으로 고민하게 하시거나 불량한 자녀로 인해 기가 꺾이게 하시거나 사별로 인해 고통 당하게 하신다.

인생의 행복으로 생각되는 것들은 모두 불확실하며 무상하며 허망하며 여러 가지 악한 일과 뒤섞여 있다.

면류관을 생각할 때 우리는 눈을 들어 하늘을 우러러 보아야 한다. 먼저 현세를 철저히 무시하지 않으면 우리의 마음은 진지하게 각성하여 내세를 바라고 명상하게 되지 않는다는 것을 믿어야 한다.

3. 지상생활에 대한 감사

 신자는 현세의 생활을 무시하는 습관을 갖더라도 그것을 증오하거나 하나님께 감사할 줄 모르게 되어서는 안된다. 현세의 생활이 아무리 무수한 불행으로 가득하더라도 그것은 하나님이 주신 복 중의 하나로 여겨져야 하며 결코 경멸되어서는 안 된다.

 특히 현세 생활은 신자들의 구원을 촉진시키도록 온전히 예정되어 있으므로 현세 생활은 하나님의 선하심을 증거하는 것이 되어야 한다. 하나님께서는 우리에게 영원한 영광의 유산을 밝히 보여주시기 전에, 그보다 작은 증거로 그가 우리의 아버지이심을 보여 주시고자 하신다.

 그리고 훨씬 더 중요한 이유는 이를테면 우리가 현세에서 하늘나라의 영광을 위하여 준비하고 있다는 것이다. 그것은 주께서 앞으로 하늘에서 면류관을 쓸 사람들이 우선 지상에서 싸움을 겪도록 정하셨기 때문이다.

4. 영생에 대한 올바른 열망

 내세의 삶에 비하면 현재의 삶은 무시해도 무방할 뿐 아니라 완전히 경멸하고 혐오해야 한다. 하늘이 우리의 고국이라면 땅은 타국일 뿐이지 않겠는가?

 그러므로 주를 위해서 살고 죽는 것이 우리에게 마땅한 일이라면 우리는 살고 죽는 시간을 하나님의 결정에 맡겨야 한다.

6. 내세에 대한 열망은 신자에게 위로를 준다

 만일 하늘에 전념하고 세상에 있는 모든 것을 극복하며 그 현존 상태를 초월하지 못한다면(참조, 고전 15:19), 그들은 심한 절망에 빠질 것이다. 그러나 반대로, 모든 지상적인 것을 초월하여 그들이 머리를 높이 든다면 그 때에는 신자들은 이런 불행까지도 어려움 없이 견뎌낼 것이다.

한 마디로 결론을 내리면, 신자들이 눈을 돌려 부활의 능력을 바라본다면 그들의 마음속에서 그리스도의 십자가가 마침내 마귀와 육과 죄와 악한 자들을 이겨낼 것이다.

제 10 장
현세의 생활과 그 도움들을 사용하는 법

1. 두 가지 위험: 잘못된 엄격함과 잘못된 방종

또한 이런 초보적인 가르침에 의해 성경은 지상의 혜택을 어떻게 이용하는 것이 옳은가를 우리에게 적절히 가르친다.

우리가 살아가려면 사는 데 필요한 여러 가지 도구들도 이용해야만 한다. 또한 필요보다는 즐거움에 도움이 되는 듯한 것들도 피할 수 없다.

즉 현세 생활은 주의 백성들이 하늘나라로 가려고 서두르고 있는 나그네의 생활이라는 것이다(레 25:23; 대상 29:15; 시 39:13; 119:19; 히 11:8-10,13-16; 13:14; 벧전 2:11).

현세의 좋은 것들을 그것들이 우리와 갈 길을 방해하지 않고 오히려 돕는 범위 내에서 이용해야 한다는데는 의심의 여지가 없다.

2. 주 원칙

하나님께서 우리를 위해 여러 가지 선물들을 창조하신 목적은 우리의 유익을 위해서지, 우리의 멸망을 위해서가 아니기 때문에 하나님께서 창조하시고 정하신 그 목적에 따라서 하나님의 선물을 사용한다면, 그러한 사용은 잘못된 방향이 아니라는 것이다.

4. 영생에 대한 갈망도 우리의 외적 생활을 바르게 결정한다

현세의 생활을 무시하고 하늘의 영생을 명상하는 것보다 더 확실하고 올바른 길은 없다. 여기에서 두 가지 법칙이 나온다. 첫째는 바울이 명한 바와 같이 세상 물건을 쓰는 자들은 다 쓰지 못하는 자같이 하며, 아내 있는 자들은 없는 자같이 하며 매매하는 자들은 없는 자같이 해야 한다는 것이다(고전 7:29-31). 둘째는 부유함을 절제하는 것 뿐 아니라 빈곤을 평온하게 참고 견디는 법을 알아야 한다는 것이다.

6. 주의 부르심이 우리의 생활 방식의 기초

마지막으로 우리가 주의해야 할 점은, 주께서는 우리 모두가 어떤 행동에서나 주님의 부르심에 주의할 것을 요청하신다는 것이다.

모든 일에 있어서 좋은 행실의 시작과 기초는 주님의 부르심에 있다는 것만 알면 충분하다.

제 11 장
이신칭의: 용어와 문제에 대한 정의

1. 칭의의 교리가 갖는 위치와 의미

우리는 오직 믿음을 통해서만 하나님의 자비로 값없이 의롭다 함을 얻는다.

그러므로 우리는 이제 이 문제들을 철저하게 토론해야 한다. 그리고 이것이 종교의 요점이라는 것을 염두에 두고, 이 문제에 더 많은 주의와 관심을 기울이도록 해야 한다. 그것은 우리와 하나님과의 관계, 그리고 우리에 대한 하나님의 심판의 성격을 먼저 이해하지 못한다면, 우리의 구원을 수립할 기반이 없으며, 하나님께 대한 경건을 세울 기초도 없기 때문이다.

2. 칭의의 개념

우리는 칭의를 하나님께서 우리에게 은혜를 베푸셔서 우리를 의인으로 받아 주시는 것이라고 간단히 설명한다. 또 칭의는 죄의 용서와 그리스도의 의의 전가(轉嫁)라고 말한다.

8. 그리스도는 그의 신성에 의해서 우리의 의가 되신다는 오시안더의 주장

오시안더의 견해는 그리스도께서는 하나님이시며 사람이시므로 그의 인성에 의해서가 아니라 그의 신성에 의하여 우리의 의가 되셨다는 것이다.

9. 중보자의 사역으로서의 칭의

그가 그의 인성에 따라 이 모든 일을 수행하셨다는 것은 분명하다.

우리는 의가 그의 육신에서 우리에게 나타났다고 결론짓는다. 마찬가지로 바꿔 말하면 바울은 의의 근원을 그리스도의 육신에만 둔다.

독자들은 그리스도의 죽음이라는 희생을 통하여 우리가 하나님의 심판대 앞에 설 수 있음을 뜻한다는 것을 깨달을 것이다.

10. 그리스도와 우리와의 연합은 어떤 성격을 지니는가?

머리와 지체들의 결합, 즉 우리의 마음속에 그리스도께서 내주하심을 간단히 말해서, 신비로운 연합인데 우리는 그것을 최고로 중요한 것으로 여긴다.

12. 오시안더에 대한 논박

오시안더는 그리스도를 우리에게 의로서 주신 것은 그의 인성에 의해서가 아니라, 신성에 의해서 그렇게 하신 것이라고 결론을 짓는다.

하나님께서 그의 성령으로 우리를 다시 형성하셔서 우리 생활을 거룩하고 의롭게 하신다는 것을 나는 부정하지는 않는다. 그러나 첫째로, 이 일을 하나님께서 직접 하시는지, 아니면 아들의 손을 통해서 하시는지를 알아야 한다.

그리고 비록 의는 그의 신성의 은밀한 원천에서 우리에게 오는 것이지만, 우리를 위해서 육신으로 오셔서 자신을 거룩하게 하신 그리스도가(요 17:19) 그의 신성에 따라 우리의 의가 되신다는 것은 아니다.

제 12 장
하나님의 거저 주시는 칭의를 굳게 확신하기 위하여 우리의 마음은 하나님의 심판대로 들리워 올려져야 한다.

1. 하나님의 심판대 앞에서 의로운 사람은 하나도 없다

우선 우리가 생각해야 할 것은 우리의 토론은 인간 법정의 공의에 관한 것이 아니라, 하늘 재판소의 공의에 관한 것이라는 사실이다. 이 사실을 생각하지 않으면, 우리는 하나님의 심판을 만족시킬 만한 행위의 성실성에 대해서 우리 자신의 표준으로 판단하게 된다.

하나님의 공의를 바로 알지 못하면 그것의 가치를 전혀 깨닫지 못한다.

5. 모든 자기 찬양을 버려라

정당하게 자기 검토를 하기 위해서는 반드시 우리의 양심을 하나님의 심판대 앞에 소환해야 한다. 왜냐하면, 우리가 타락한 은밀한 곳을 심판대의 빛으로 철저히 밝힐 필요가 있기 때문이다.

이 검사의 엄격성은 우리를 완전히 섬뜩하게 할 때까지 계속되어야 하고, 이렇게 함으로써 우리가 그리스도의 은혜를 받을 수 있도록 준비가 되어야한다.

8. 하나님 앞에서의 교만과 자기 만족을 그리스도께로 가는 길을 막는다

우리 자신을 깊이 불신하지 않고서는 그리스도를 충분히 믿을 수 없을 것이며, 우리의 마음이 우선 우리 안에서 끼치지 않으면 주를 향하여 충분히 비약할 수 없을 것이며, 우리 자신 안에서 이미 절망을 체험하지 않고서는 결코 그리스도 안에서 충분한 위로를 얻지 못할 것이다.

제 13 장
값없이 주시는 칭의에 관하여 유의할 두 가지 사항

4. 자기의 의에 주목하는 것은 약속을 무용하게 만든다

하나님이 약속하시는 것은 다만 그의 자비 때문이다. 그러므로 우리는 이점을 근거로 삼고 그 위에 우리의 모든 희망을 깊고 든든하게 세우도록 해야 한다. 우리 자신의 행위에서 어떤 도움을 얻으려 하지 말고, 그 행위를 완전히 무시해야 한다.

그러므로 의가 우리를 떠나야 하며, 그렇지 않으면 행위를 문제로 삼지 않고 신앙만이 자리를 차지해야 한다. 신앙의 본질은 눈을 감고 귀를 곤두세우는 것이다. 바꿔 말하면, 약속만을 들으려고 애쓰며, 사람의 가치나 공로는 전연 생각하려고 하지 않는 것이다.

5. 하나님이 값없이 주시는 은혜를 믿어야만 양심이 평안하며 기도에 기쁨이 있다

천국의 기업에 대한 신자들의 유일한 소망의 근거는 그리스도의 몸에 접붙임을 받아 값없이 의롭다는 인정을 받는다는 사실에 있다는 것을 확신해야 한다는 것이다. 칭의에 관한 한 믿음은 수동적인 것에 불과하다. 믿는다고 해서, 우리가 하나님의 은혜를 회복하는 일에 무엇을 기여하는 것이 아니다. 믿음은 우리에게 없는 것을 그리스도께로부터 받는 것이다.

제 14 장
칭의의 시작과 그 지속적인 발전

4. 그리스도가 없으면 진정한 거룩도 없다
 하나님의 아들을 떠나서는 생명이 없다고(요일 5:12)하는 요한의 말이 사실이라면, 그리스도의 의에 참여하지 못한 사람은 그가 누구든지 또는 무엇을 하든지간에 그들의 모든 삶이 멸망으로 또 영원한 죽음의 심판으로 급히 나아가고 있는 것이다.
 그리스도와의 교제를 떠나서는 성화도 없으므로 분명히 그들은 나쁜 나무와 같다.

9. 또 진실된 신자들도 자기 힘으로는 아무런 선한 일을 하지 못한다
 하나님께서는 그리스도의 의의 중재에 의해서 우리를 의롭다고 인정하신다. 동시에 하나님의 이 은혜는 큰 자비와 결합되어 하나님께서 성령을 통하여 우리 안에 거하시며, 그 권능으로 우리 육신의 정욕을 날마다 더욱 죽이시므로 참으로 우리는 성결케 된다.

21. 간혹 선행을 하나님의 은혜의 이유라고 말하는 의미

우리의 구원을 위한 동력인은 성부 하나님의 사랑이고, 질료인은 성자 하나님의 순종이며, 형상인은 성령의 조명인 믿음이고, 목적인은 하나님의 크신 영광이라는 것이다.

주께서 영생을 상속하도록 자비로 예정하신 사람들을 인도하여 영생을 소유하게 할 때, 그의 일반적 경륜을 따라 선행을 수단으로 하여 그렇게 하신다.

제 15 장
행위의 공로를 자랑하면 의를 주신 하나님께 대한 찬양과 구원의 확신을 파괴한다.

1. 잘못된 질문과 참된 질문

우리는 이 논의에서 중요한 문제를 다루고 있다. 즉, 의가 행위에 의해서 지탱된다면, 그것은 하나님 앞에서 완전히 무너질 수 밖에 없다는 것이다. 그러나 의는 오로지 하나님의 자비와 그리스도와의 교제에만 근거하며 따라서 믿음에만 국한된다.

5. 유일의 기초이며, 창시자이며, 완성자이신 그리스도

그리스도 안에서 완전한 의를 가진 사람만이 그리스도 안에 든든하게 터를 닦은 사람이다. 왜냐하면 바울은 그리스도께서 오신 것을 우리가 의를 얻도록 돕기 위해서라고 말하지 않고, 그리스도 자신이 우리의 의가 되기 위함이라고 하기 때문이다(고전

1:30)

간단히 말하면, 그의 것이 모두 우리의 것이며 그의 안에서 우리는 모든 것을 가졌으므로 우리 안에는 아무 것도 없다.

6. 로마 교회의 신학은 그리스도의 힘과 영광을 감소시킨다

신자들은 그리스도께서 내주하시므로(요일 3:24), 그를 통해서 하나님께 굳게 연결된다. 그의 생명에 참여한 자들은 하늘 자리에 앉는다(엡 2:6). 그들은 "그의 사랑의 아들의 나라로" 옮겨졌으며(골 1:13) 구원을 얻는다.

그리스도를 믿음으로써 우리는 의를 얻는 능력이나 구원을 얻는 능력뿐만 아니라, 의와 구원 모두 다 받는다는 것이다.

그는 공로를 세울 기회를 얻는 것이 아니라, 그리스도의 공로를 전부 옮겨 받게 된다.

제 16 장
이 교리를 증오하는 교황주의자들의 거짓된 비방에 대한 반박

1. 칭의 교리는 선행을 배제하는가?

우리가 칭의는 값없이 죄를 용서하는데 있다고 가르칠 때, 그들은 이것은 의로 가는 길을 너무 쉽게 만드는 것이라고 비난한다.

그들은 이신칭의를 통해서 선행이 폐기된다고 주장한다.

그들을 우선은 그대로 내버려 두자!

우리는 선행이 없는 믿음이나 선행이 없이 성립하는 칭의를 꿈

꾸지 않기 때문이다.

  그리스도의 의를 붙잡으면 동시에 거룩함도 붙잡지 않을 수 없다. 그리스도는 우리에게 "의로움과 거룩함과 구속함이 되셨기" 때문이다(고전 1:30).

  그러므로 그리스도께서 사람을 의롭게 하시면 또한 거룩하게도 만드신다. 이 은혜들은 영원히 풀 수 없는 관계로 결합되어 있다.

  주께서 우리에게 이 은혜를 주시며 우리로 하여금 이 은혜들을 누리게 하는 방법은 그가 자기를 우리에게 주는 것뿐이므로, 그는 동시에 두 가지를 함께 우리에게 주신다.

제 17 장
율법의 약속과 복음의 약속과의 일치

1. 스콜라 논법을 서술하고 논박함

  이제 이신칭의를 뒤엎거나 약화시키기 위하여 사탄이 그 앞잡이들을 통해서 사용하는 다른 논법들을 살펴보자.

  칭의를 행위로부터 분리하는 것은 선행을 하지 말라든지 행위가 선하지 않는다는 것이 아니라 선행에 의지하며 그것을 자랑하며 그것으로부터 구원이 온다는 생각을 하지 못하게 하려는 것이다. 왜냐하면 우리의 확신과 우리의 자랑과 우리의 구원의 유일한 닻은 하나님의 아들 그리스도가 우리의 그리스도이시며, 우리도 그의 안에서 하나님의 자녀와 천국의 후사들이 되어 우리가 훌륭해서가 아니라 하나님의 은혜로 영원한 복락을 바라볼 수 있도록 부르심을 받았기 때문이다.

5. 그리스도 안에서 하나님께서는 중생한 자의 선행을 기뻐하신다

신자들은 이 용납에 의해서 부르심을 받은 후에 그 행위에 관해서도 하나님의 인정을 받는다(벧전 2:5 참조).

그는 그의 너그러우신 은혜를 한층 더함으로 그가 주신 행위까지도 "받으신다"는 것을 보이신다.

8. 하나님 앞에서 행위에는 이중 가치가 있다

우리는 칭의를 다음과 같이 정의한다. 즉 그리스도와 교제를 하게 된 죄인이 은혜로 하나님과 화목하게 되고, 동시에 그리스도의 피로 깨끗하게 되어 죄의 용서를 받으며 그리스도의 의를 자기의 의같이 입고 하늘 심판대 앞에 자신 있게 서는 것이다.

죄를 용서받은 후에 오는 선행은 그 자체의 가치에 의하지 않고 다른 입장에서 평가된다.

모든 허물의 죄책이 도말되고, 선행까지도 항상 더럽히는 불완전한 허물이 묻혀 버린 후에 신자들이 행하는 선행이 의롭다고 간주된다. 바꿔 말하면, 의로 인정된다(롬 4:22).

10. 죄가 용서받은 후에야 행위가 용납된다

우리는 당연히 믿음으로만 우리 자신뿐만 아니라 우리의 행위까지도 의롭다함을 얻는다고 말할 수 있다.

그러나 죄의 용서를 받음으로서 복을 받은 후에는 그 복들도 자리를 얻을 수 있다. 그러므로 죄의 용서로 덮는 복이야말로 최고이며 가장 중요한 복일 뿐만 아니라 유일한 복이라고 결론 내릴 수 있다. 만일 이것에만 근거한 다른 종류의 복이 이 복을 저해한다고 주장한다면, 그것은 별 문제일 것이다.

12. 야고보는 "의롭다함"이란 말을 바울과는 다른 뜻으로 사용한다

확실히 야고보는 의의 전가가 아니라, 의를 공표하는 문제에 대해서 말하는 것이 분명하다.

그는 신자들을 향해서 우리가 어떻게 의롭다함을 얻는가 하는 문제를 논하고 있는 것이 아니라, 선행의 열매가 있는 의를 요구한다.

우리의 반대자들은 야고보가 칭의의 방법을 설명하는 줄로 생각하는데, 이점이 그들의 가장 중요한 망상이다. 이와는 반대로, 야고보는 믿음을 가진 체하면서 믿음을 구실로 삼아서 선행을 경멸하는 자들의 사악한 확신을 분쇄하려 할 뿐 이다.

즉, 내용이 없이 겉으로만 나타나는 믿음은 의롭다함을 얻지 못하며, 신자는 이런 외형으로 만족하지 않고 선행으로써 자기의 의를 공표한다는 것이다.

제 18 장
행위의 의를 보상에서 추론하면 안된다.

3. 은혜로써의 보상

우리에게 제시된 복된 소망을 하늘에서 얻으려고 행위를 통해서 노력하도록, 주께서는 선행을 통해서 우리를 훈련시키기를 원하신다. 그러므로 약속의 열매가 맺히는 데까지 우리를 이끄는 우리의 행위에 그 결실의 공을 돌리는 것은 마땅하다.

영생을 행위에 대한 보상이라고 보는 구절에 있어서 주신 복을 소유하는 것 또는 그것을 소위 "즐기는 것"이라고 이해해야 한다는 점이다.

6. "하늘에 쌓는 보물"에 대하여

우리가 하늘이 본향이라고 믿는다면, 우리의 재산을 여기에 두었다가 갑자기 옮겨져 손해를 보는 것보다 미리 그곳으로 이전해 놓는 것이 상책일 것이다. 그러나 어떻게 이전할 것인가? 그 방법은 가난한 사람들을 돕는 것이다.

제 19 장
그리스도인의 자유

2. 율법으로 부터의 자유

나는 그리스도인의 자유에는 세 부분으로 되어 있다고 생각한다. 첫째로, 신자들의 양심은 하나님 앞으로 칭의에 대한 확신을 구함에 있어서 율법에 의한 의를 모두 잊어버리고 율법으로 뛰어 넘어 그 보다 더 전진해야 한다.

그리스도인들은 성화의 생활을 하도록 부르심을 받았으므로 우리의 전생활에는 일종의 경건의 실천이어야 한다(살전 4:7; 참조, 엡 1:4; 살전 4:3). 여기서 신자들에게 그들의 의무를 경고해 주며 거룩과 순결에 대한 열정을 일으키는 것이 율법의 기능이다.

우리는 율법이 요구하는 것을 생각할 것이 아니라, 율법에 의한 모든 완전성을 능가하는 그리스도만을 의로서 제시해야 한다.

4. 율법의 강요에서 해방됨으로써 신자들은 진정한 순종을 확립한다.

두 번째 부분은, 양심이 율법의 필연성에 의해 강요받아 율법을 지키는 것이 아니라, 율법의 멍에로부터 해방된 양심이 자발적으로 하나님의 뜻에 순종한다는 것이다.

"중요하지 않은 일들"로부터의 자유

7. 그리스도인의 자유의 세 번째 부분은 다음과 같다. 그 자체로서는 "중요하지 않은" 외부적인 사물에 관해서, 우리는 하나님 앞에서 어떤 종교적 의무에도 매여 있지 않고, 그런 사물을 때로는 이용하고 또 때로는 이용하지 않기도 하는 것은 전혀 무방한 일이다.

9. 그리스도인의 자유를 탐식과 사치에 악용하면 안된다

그러나 그리스도인의 자유는 모든 부분에서 영적인 것임을 주의깊게 생각해야 한다. 이 자유의 힘은 오로지 하나님 앞에서 무서워 떠는 양심을 진정시키는 데 있다.

15. 두 개의 나라

먼저 인간에게는 이중의 통치가 있다는 것을 생각해야 한다. 하나는 영적인 측면으로서 그를 통해 양심이 경건과 하나님을 경외하는 일을 배우며, 다른 하나는 정치적인 통치로서 여기서 양심은 인간으로서 또 시민으로서 사람 사이에서 지켜야 할 여러 가지 의무를 배운다.

이런 차이가 있기 때문에, 우리는 영적 자유에 대한 복음의 가르침을 사회 질서에 잘못 적용해서는 안된다.

그리스도인들이 영적으로 자유롭다고 해서 모든 육적 예속으로부터 해방된 것은 아니다.

우선 양심이란 무엇인가를 이해하는 것이 좋겠다.

인간은 하나님의 심판에 대한 일종의 감각을 가지고 있으며, 이 감각이 인간에게 결합된 증인과 같이, 하나님 앞에서 고소 당할 죄를 감추지 못하게 할 때, 이 감각을 "양심"이라고 부른다.

16. 양심의 구속과 자유

행동이 인간을 상대로 하는 것과 마찬가지로, 양심은 하나님을 상대로 한다. 선한 양심은 곧 심령의 내적 성실을 의미한다.

양심은 하나님을 상대로 하는 것이다.

제 20 장
기도, 믿음의 가장 중요한 단련이며, 우리는 날마다 이것을 통하여 하나님의 은혜를 받는다.

1. 믿음과 기도

만일 곤경에 처해있는 인간이 자신을 구원할 수단들을 찾고자 한다면 그는 자기를 떠나 밖에서 그것들을 구해야만 한다. 또한 주님께서는 그리스도 안에서 기꺼이 그리고 자유롭게 자신을 드러내 보이셨다는 것도 설명되었다.

믿음에 의해서 교훈을 받은 후에 우리는 우리가 필요하거나 부족한 것은 무엇이나 하나님과 우리 주 예수 그리스도 안에 있으며, 아버지께서 자신의 충만하심을 그리스도 안에 머무르게 하여 (참조, 골 1:19; 요 1:16) 샘물에서 물을 퍼내듯이 우리는 그리스도로부터 모든 것을 얻을 수 있음을 깨달았다. 이 말은 우리가 그리스도 안에서 찾고 기도로서 그리스도에게 구해야 한다는 것을 상기시켜 주는 것이다.

하나님께서는 모든 선한 것의 주인이시며 그것을 주시는 분이시며 또한 그것들을 그리스도에게 구할 것을 우리에게 요청한다는 사실을 알면서도 여전히 그리스도 앞으로 나아가 그에게 구하지 않고 있다면 이것은 보화가 땅 속에 묻혀 있는 곳을 알려주어도 그것을 무시하는 사람의 경우처럼 아무런 유익이 없을 것이다.

2. 기도의 필요성

우리를 위하여 하늘의 아버지 곁에 저장되어 있는 부요함에 우리가 닿는 것은 기도의 은총에 의해서이다.

또한 우리가 기도를 통해서 그에게 구하지 말도록 된 것은 없다는 것을 우리는 안다. 주님의 복음이 가르쳐 주었고 우리의 믿음의 눈으로 본 보화들을 기도를 통하여 얻어낸다는 것은 틀림 없는 진실인 것이다.

3. 기도를 해야 하는 여섯 가지이유

첫째로, 우리의 마음이 하나님을 찾고, 사랑하고, 섬기겠다는 열성적이며 불타는 소원으로 불붙게 하기 위해서이다.

둘째로, 기도는 하나님을 증인으로 세우기에 부끄러운 욕망이나 소원이 우리 마음속에 전혀 들어오지 않게 하기 위해서 한다.

셋째로, 기도는 우리가 하나님께서 여러 가지로 주시는 은혜를 진정한 감사와 고마움의 마음으로 받을 수 있도록 하기 위해서 한다.

넷째로, 기도는 우리로 하여금 찾던 것을 얻고 하나님께서 우리의 기도에 응답해 주셨다는 확신을 가지고 그의 인자하심을 더욱 열심히 명상하도록 하게 해준다.

다섯째로, 기도는 기도를 함으로써 얻었다고 인정되는 것들을 더욱 큰 즐거움으로 받아들이도록 하기 위해서 한다.

끝으로 기도는 우리의 연약한 정도에 따라서 습관과 경험으로 그의 섭리를 확인하도록 하기 위해서 한다.

(올바른 기도의 법칙, 4-16)
첫 번째 법칙: 경외, 4-5

4. 하나님과의 대화는 초연함이 요구된다.

우리는 우리를 잘못 이끌어 하나님을 바르고 순수하게 바라보지 못하게 할 수 있는 육적인 근심과 생각들을 떨쳐 버리고 온 마음을 다해서 기도해야 하며, 가능한 그러한 정신 자세를 뛰어 넘어야 한다.

　나는 원래 떠돌아다니며, 이리저리 끌려 다니고, 하늘로부터 이탈하여 세상에 얽매인 정신 때문에 생기는 모든 소외와 외적인 근심으로부터 우리가 해방되어야 한다고 주장한다.　이 말은 우리의 정신이 그 자체를 넘어서야 하며, 그래서 우리의 눈멀고 어리석은 이성이 생각해 내는 것은 어느 것도 하나님 앞에 가져가지 않아야 하며 또한 우리의 정신을 그 자체의 허무라고 하는 한계 안에 붙잡아 둘 것이 아니라 하나님의 순결한 가치에까지 올라가게 해야함을 의미한다.

5. 무례하고 불경건한 기도를 배척

　기도를 하는 사람은 자기의 능력을 기도에 바쳐야만 하고, 흔히 그러는 것처럼 어지러운 생각으로 흐트러짐이 없어야 한다.

　우리가 거룩한 것과 세상적인 것을 한데 섞음으로써 하나님의 크신 인자하심을 모독하는 것은 있을 수 없는 일이라는 것을 생각해야 한다.　우리는 마치 기도를 우리와 같은 보통 사람을 상대로 하는 것처럼, 기도 중에 하나님을 무시하고 우왕좌왕 하기 일쑤인 것이다.

　우리는 충분하고 합당한 기도를 준비한 사람들이란 모든 세상적인 걱정과 집념을 버린 후에 기도를 시작하는 사람들이라는 것을 깨달아야 한다. 그리고 두 손을 드는 의식은 사람들이 그들의 생각을 높이 승화시키지 않으면 하나님으로부터 멀어진다는 것을 기억했음을 의미한다.

우리는 그 무엇보다도 이 은혜를 중하게 여기고 하나님 앞에 서며, 우리의 정신과 노력을 온전히 기도에 바쳐야만 하는데 이를 위해서는 우리의 정신으로 하여금 이러한 여러 가지 방해물들과 싸워 이기게 하고 또 그것을 초월하게 해야 한다.

그렇기 때문에 올바른 기도를 드린다는 것은 흔치 않은 은혜인 것이다.

둘째 법칙: 우리는 진심으로 부족한 마음과 회개하는 마음에서 기도한다. 6-7

6. 모든 비현실성을 제거시키는 필요성

둘째 법칙은, 우리는 언제나 기도할 때 우리가 불충분하다는 마음을 가지고, 우리가 구하는 모든 것이 얼마나 절실한가를 진심으로 생각해서, 이것을 열심있는 아니, 불에 타는 듯한 소망을 기도에 첨부시켜야 한다는 것이다.

경건한 사람들이 특별히 삼가야 할 일은 진정으로 원하며 또한 하나님께서부터 얻고자 하는 마음 없이 하나님께 기원하는 것이다.

또한 "무시로… 기도해야만 한다는(엡 6:8;살전 5:17) 바울의 주장도 정당한 말이다. 우리가 마음으로 원하는 일이 잘 되어가고, 즐거운 일들이 우리를 둘러싸고 있다 하더라도, 우리로 하여금 기도하지 않게 하는 순간은 없다.

우리가 얼마나 많은 위험들이 매순간 우리를 위협하고 있는지를 생각한다면, 그 공포는 우리에게 단 한 시각도 기도를 떠날 수 없다는 것을 가르쳐 줄 것이다. 이 사실을 영적인 일들에게서 더 잘 알 수 있다.

그러므로 쉬지 말고 기도하라고 하신 명령은 빈말이 아닌 것이다.

셋째 법칙: 모든 자기 확신을 버리고 겸손하게 용서를 빌 것, 8-10

8. 우리는 겸손하게 자비를 빈다.

여기에 셋째 법칙을 연결시키는데, 그것은 기도하려고 하나님 앞에 서는 사람은 자기의 모든 영광과 가치를 완전히 버리고 겸손하게 영광을 전적으로 하나님께 돌려야 한다는 것인데, 만일 그렇지 않고 조금이라도 자기를 주장해서 - 그것이 아무리 조금이라도, 헛된 교만에 부푼다면, 하나님 앞에서 썩어 없어질까 염려스러운 것이다.

9. 기도의 가장 중요한 부분은 죄의 용서를 비는 것이다.

겸손하고 성실하게 죄를 고백하는 것과 함께 용서를 구하는 것이 합당한 기도의 시작이며, 준비이다. 사람은 그가 아무리 거룩하더라도 하나님께서 그와 자유롭게 화해하시기까지는 무엇인가를 하나님께 얻으려는 희망을 가져서는 안된다. 하나님께서는 당신께서 용서하시는 사람들 외에는 아무하고도 순조로운 관계를 가지지 않으신다.

넷째 법칙: 확신있는 소망을 가지고 기도한다, 11-14

11. 소망과 믿음은 공포심을 극복한다

넷째 법칙은, 이와 같이 우리가 참으로 겸손한 마음에 정복되고 압도되더라도, 동시에 우리가 기도가 응답되리라는 확고한 소망을 품고 기도하도록 용기를 내야 한다는 것이다. 하나님의 은혜를 확신하는 것과 그의 공정한 벌을 인지하는 것은 외관상으로는 분명히 반대되는 일이다.

그러므로 기도는 우연히 나오는 것이 아니라 믿음의 인도에 따른다는 것이야말로 기도를 위한 법칙이며, 이 법칙을 확립하는 것보다 기도의 본질과 가장 잘 조화가 되는 일이 없다. "내가 너희에게 말하노니 무엇이든지 기도하고 구하는 것은 받은 줄로 믿으라 그리하면 너희에게 그대로 되리라"(막 11:24). 다른 곳에서도 같은 말을 확인하신다. "너희가 기도할 때에 무엇이든지 믿고 구하는 것은 다 받으리라"(마 12:22)

요약하면, 기도에 대한 응답으로서 얻는 것은 모두 믿음을 통해서라는 것이다.

바울은 믿음에서 기도가 시작하는 것을 단계적으로 이끌어 내면서, 하나님을 진심으로 부르는 것은 오직 복음 선포를 통해서 하나님의 선하심과 자비를 알게 된-아니, 그것이 깊이 계시된 사람들에 한한다고 분명히 주장한다.

12. 기도가 허락된다는 확실성을 부정하는 자들을 반박함

복음으로부터 하나님의 자비를 알게되고, 그 자비가 자기들을 위해서 준비되어 있다는 것을 확실히 믿는 사람들이 아니면, 하나님께 기도를 드릴 수 없다(롬 10:14)는 바울의 말을 굳게 지키도록 하자.

우리는 그리스도를 믿는 믿음을 통하여 확신을 가지고 담대하게 하나님께로 나아간다고 가르친다(엡 3:12). 따라서 우리의 기도에 효과가 있기를 바란다면, 우리는 구하는 것이 응답되리라는 신념을 두 손으로 굳게 붙잡아야만 하는데, 이 점을 주께서 친히 자기의 음성으로 명령하시고, 모든 성도들이 모범으로 가르치는 것이다. 만일 굳은 믿음이란 말을 쓴다면, 그런 믿음에서 나온 기도, 흔들리지 않는 확고한 소망에 믿음을 박은 기도만이 하나님께 응답되는 것이다.

즉 믿음은 우리의 불행과 궁핍과 부정과 결합된다고 해서 무너지지 않는다.

16. 하나님의 용서를 통해서만 우리의 기도는 응답된다

나는, 기도란 경건한 자가 하나님과 나누는 친밀한 대화이긴 하지만, 기도를 통하여 잡다한 요구를 함부로 늘어놓지 않고 하나님께서 허락하시는 것 이상의 것을 열망하지 않도록 우리는 공손한 태도와 겸손한 마음을 견지해야만 한다고 말했고, 또한 하나님의 존엄성이 우리에게 무가치하게 되지 않도록 우리의 마음을 높이 올려 하나님을 순수하고 고결하게 숭배해야만 한다고 말했다.

아무리 사탄이 힘을 다해 그들의 기도하는 모든 길을 막으려고 애쓰더라도, 그들은 장애를 돌파해야만 하며, 비록 그 장애를 모두 극복하지 못할지라도 하나님께서는 그 노력을 기뻐하신다는 것을 믿어야 한다.

17. 예수님의 이름으로 기도함

우리가 그리스도께서 우리를 위한 중보자가 되신다는 약속을 받았으므로 우리가 기원하는 것을 얻으리라는 희망도 그리스도를 의지하지 않으면 기도의 유익과는 단절되고 말 것이기 때문이다.

특히 그리스도의 이름으로 기도하라는 명령이 있으며 우리가 그리스도의 이름으로 구하는 것은 얻으리라는 약속을 받았다.

바울은 "하나님의 약속은 얼마든지 그리스도 안에서 예가 도니"라고 말한다(고후 1:20)

18. 우리의 중보자로서 부활하신 그리스도

우리는 그리스도께서 자신이 승천하신 후에 자신의 중보에서 피난처를 구하라고 제자들에게 명령하신 그 때의 상황에 주의해야 한다. 그리스도께서는 "그날에 너희가 내 이름으로 구할 것"이라고 말씀하셨다(요 16:26).

제자들은 승천하신다는 바로 그 사실이 그리스도로 하여금 교회를 위하여 이전보다 더 확실한 변호자가 되게 한다는 사실을 아직 분명히 깨닫지 못했다.

그들은 그리스도의 보호를 믿고 더욱 자유롭게 하나님을 부를 수 있는 복을 누리라고 하셨다.

19. 그리스도께서는 신자 상호간에 있어서도 유일한 중보자이다.

하나님께로 나아갈 수 있도록 허락을 받고 우리의 유일한 통로는 그리스도이시므로(요 14:6). 만일 이 길에서 벗어나고, 이 통로를 버린다면, 그들은 하나님께로 가까이 가는 다른 길이 없을 것이다.

  동시에 성도들은 서로 중재 기도를 할 수 있으며 이런 기도를 통해서 서로의 구원을 하나님께 호소한다. 사도가 이런 기도를 언급했지만(딤전 2:1), 신자들 상호의 중재 기도는 온전히 그리스도의 중보 기도에 의존하는 것이기 때문에, 그리스도의 하시는 일을 조금도 손상시키지 않는다.

  그러므로 온 교회가 하는 모든 중보 기도는 저 유일한 중보 기도에 연결되어져야 한다는 것은 하나의 확정된 원리로 받아들여야 한다.

20. 그리스도께서는 영원 불변하시는 중보자이다.

  모든 지체가 지상에서 애써 일하면서 서로 다른 지체를 위하여 기도하는 것이 그들보다 먼저 승천하신 머리되신 그리스도에게로 올라가는 것이다.

  어거스틴은 다른 구절에서 같은 말을 한다. "그러나 당신이 대제사장을 구한다면, 그는 하늘 위에 계신다. 그는 거기서 당신을 위해서 중보하고 계신다."

50. 일정한 시간에 기도함

  이 기도의 실천을 위해서는 각자가 일정한 시간들을 별도로 정해 놓아야 한다. 그 시간이 오면 반드시 기도를 드리고, 그 시간에는 우리의 마음과 정성을 완전히 기도에 바쳐야 한다. 예컨대, 그런 시간은 아침에 일어났을 때, 하나님의 축복으로 식사를 마치고 난 때, 밤에 자려고 할 때이다.

  규칙적으로 시간을 지키는 것은 우리의 연약함을 위한 일종의 훈련이며, 따라서 이 연약함은 훈련을 받아야 하고 계속 자극을 받아야 한다.

우리가 기도할 때마다 항상 주의해서 지켜야 할 것은, 하나님을 어떤 특수한 상황에 묶어 두려는 것이 우리의 의도는 아니라는 점이다.

이런 기도를 통해서 우리는 우리의 뜻을 하나님 뜻에 복종시키며, 우리의 의지를 재갈로 제어하듯 하여 감히 하나님을 조종하려 하지 않고 하나님께서 우리의 모든 기원을 조정하시고 지시하시도록 하는 것이다.

제 21 장
영원한 선택:
하나님께서는 영원한 선택에 의해 어떤 사람을 구원에,
또 어떤 사람은 멸망에 처하도록 예정하셨다

1. 선택의 교리의 필요성과 그 유익, 호기심의 위험성

생명의 언약이 모든 사람에게 동등하게 전해지지 않는다는 것은, 명백한 사실이며, 전해진 사람들 사이에서도 끊임없이 또한 같은 정도로 받아들여지는 것은 아니다. 이러한 다양성에서 하나님 심판의 놀랄만한 깊이가 드러난다.

하나님의 영원한 선택을 알기까지는 우리는 우리의 구원이 하나님의 값없이 베푸시는 자비의 원천에서 흘러나온다는 것을 결코 충분하고 분명하게 확신하지 못할 것이다.

하나님께서 모든 사람에게 구원의 소망을 무차별적으로 주시는 것이 아니라, 어떤 사람들에게는 주시고 다른 사람들에게는 거절하신다는 이러한 대조를 통해 하나님의 은혜를 조명한다.

이 원칙에 대한 무지가 하나님의 영광을 얼마나 손상시켰으며, 진정한 겸손을 얼마나 소멸시켰는가 하는 것은 잘 알려진 사실이다.

하나님께서는 우리가 그의 지혜를 이해하기보다는 경외하기를 원하시며, 경외함으로써 찬탄하기를 원하신다.

2. 예정론은 성경에서만 찾아야 한다.

예정에 대해서 하나님의 말씀이 알려주는 것 이외의 것을 알려고 하는 것을 길 없는 황야를 걸어가려는 것이거나(욥 12:24 참조) 또는 어두운 데서 무엇을 보려고 하는 것 못지 않게 어리석은 것이다.

3. 둘째 위험: 선택의 교리에 대한 염려스런 침묵

성경은 필요하고 유익한 지식은 하나도 빠뜨리지 않는 동시에 유익한 지식이 아니면 아무것도 가르치지 않는 성령의 학교이다.

성경에서 예정론에 대해서 밝힌 것을 신자들에게 숨기지 않도록 주의해야 한다.

6. 이스라엘 백성 개인에 대한 택하심과 저버림

하나님은 아브라함의 후손 중에서 어떤 사람은 버리시고, 어떤 사람은 교회 안에 보호하셔서 그의 자녀들 사이에 두셨다.

이스마엘은 영적 언약의 표징인 할례를 받았기 때문에 처음에는 그 동생 이삭과 동등한 지위를 누렸지만 나중에 그는 제외되었다. 그 후에 에서가 제외되었다. 그 후에 무수한 사람들, 거의 온 이스라엘이 제외되었다.

하나님께서 사울을 버리신 것도 유사한 일례이다.

두 단계를 주목해야 한다고 내가 말하는 데는 충분한 이유가 있다.

하나님의 은혜가 평등하지 않다는 사실을 이미 은혜가 값없이 주어지는 것임을 증명한다.

7. 현실적 선택으로서의 개인의 선택

하나님께서 그 은밀한 계획에 의하여 원하시는 사람을 거저 선택하시고 다른 사람들을 제외하신다는 것이 이제 충분히 밝혀졌다.

그러나 그리스도의 지체들은 머리에 접붙임을 받아 결코 구원에서 제외되는 일이 없으므로, 그들에게서 은혜의 더욱 위대한 힘이 나타난다.

선택 교리의 개관

선택받은 사람들 사이에서 우리는 하나님의 부르심을 선택의 증거라고 인정한다. 그리고 선택받은 자들이 선택의 완성인 영광으로 들어갈 때까지 칭의도 선택을 나타내는 한 표징이라고 생각한다. 그러나 주께서 소명과 칭의에 의해서 선택된 자들을 인치시는 것과 같이, 버리신 자들에 대해서는 그의 이름에 대한 지식이나 성령에 의한 성결의 길을 끊음으로써, 이를테면 이런

표로서 어떤 심판이 그들을 기다리고 있는가를 계시하신다.

제 22 장
성경의 증거에 의한 이 교리의 확증

1. 선택과 공로에 대한 예지

바울이 "창세 전에"(엡 1:4) 그리스도 안에서 택하심을 받았다고 가르칠 때, 그는 우리 편에 있는 가치를 전혀 고려하지 않는다.

그러므로 신자들은 우리가 자신의 힘으로는 영원한 기업을 받을 수 없었으므로, 그리스도 안에서 그런 고귀한 기업을 받도록 택함을 받았다고 생각하는 것이 마땅할 것이다.

5. 야곱과 에서의 경우는 행위를 근거 삼는 주장을 반박한다.

신자들의 구원은 하나님의 선택의 결정만을 기초로 한 것이며, 이 은혜는 행위에 의해서 얻는 것이 아니라 값없는 부르심에 의한 것이라는 것이 사도의 말이다.

6. 야곱이 선택된 목적은 땅에 속한 복을 위한 것이 아니었다.

야곱에게 부여된 장자권을 내세와 관련시키지 않는다면, 그것은 허무하고 어리석은 복이 될 것이다.

그러므로 하나님께서는 그의 종을 위해서 그의 나라에 준비하신 영원한 영적인 복을 외적인 복으로 증거하셨다고 확실히 깨달

앉을 때에, 바울은 서슴치 않고 그 외적인 복에서 영적인 복을 증명하는 증거를 찾은 것이다(엡 1:3이하 참조). 우리는 또한 가나안 땅도 하늘나라 처소의 징표라는 사실을 생각해야 한다. 그러므로 야곱이 천사들과 함께 그리스도의 몸에 접붙임을 받아 그리스도와 같은 생명을 나누기로 되었다는 것을 의심해서는 안된다.

7. 선택에 관한 그리스도의 증언

"아버지께서 내게 주시는 자는 다 내게로 올 것이요"(요 6:37).

우리가 그리스도의 보증과 보호를 받게 되는 출발은 아버지의 선물이라는 것을 주목해야 한다.

선택된 사람들은 하나님께서 그들에게 독생자를 주시기 전에도 이미 하나님의 백성이었다고 한다.

"아버지께서 이끌지 아니하면 아무라도 내게 올 수 없으니……아버지께 듣고 배운 사람마다 내게로 오느니라"(요 6:44-45)

요약하면, 하나님께서는 그의 임의의 선택으로 원하시는 사람들을 자기의 자녀로 만드신다. 이 일의 본질적인 원인은 하나님 자신 안에만 있는데 왜냐하면 하나님께서는 자신의 기뻐하시는 은밀한 뜻으로 만족하시기 때문이다.

제 23 장
이 교리가 언제나 부당하게 받아왔던 거짓 비난에 대한 논박

1. 선택-그러나 버림은 없는가?

버림과 대조되지 않으면 선택은 성립될 수 없다.

그러므로 하나님께서는 선택하시지 않는 사람들을 정죄하신다. 그리고 이렇게 하시는 데는 자신의 자녀들을 위해 예정하신 기업에서 그들을 제외하시고자 하시는 것 이외에 다른 이유가 없다.

멸하기로 준비된 일을 하나님의 비밀한 계획 이외의 어떤 것에 돌린다는 것은 전혀 불합리한 일이다.

2. 하나님의 뜻이 의의 표준이다.

하나님의 뜻은 의의 최고 표준이기 때문에, 그가 원하시는 일은 그가 원하신다는 사실 때문에 무엇이든지 의(義)라고 생각해야 한다. 그러므로 왜 하나님께서 그렇게 하셨느냐고 묻는다면, 우리는 하나님께서 그것을 원하셨기 때문이라고 대답해야 한다.

하나님의 뜻보다 더 위대하고 더 높은 어떤 것을 찾으려는 것, 그런 것은 결코 찾을 수 없다.

하나님의 뜻은 아무 허물도 없을 뿐 아니라, 완전성의 최고 표준이며 모든 법의 법이다.

13. 선택 교리는 모든 권고를 무의미하게 만든다는 반론

바울이 하나님의 거저 주시는 선택을 분명한 말로 공공연하게 선포할 것을 우리는 앞에서 보았다. 그렇다고 해서 바울이 경고와 훈계를 하는데 소극적이었는가? 선량한 열성가들로 하여금 그들과 바울의 열의를 비교해 보게 하라.

그러므로 우리는 전도를 계속하여 사람들을 믿음으로 인도하며, 그들을 믿음 안에서 보존하여 끊임없는 유익을 얻게 해야 한다. 그러나 예정에 대한 인식을 막지 말라.

14. 어거스틴은 하나님의 예정을 올바로 선포하는 데에 모범을 보였다.

"우리는 누가 예정된 수효에 포함되며 누가 포함되지 않을지를 모르므로, 모든 사람들의 구원을 원하는 생각을 가져야 한다."

제 24 장
선택은 하나님의 소명으로 확증되나 악인은 그들에게 예정된 공정한 멸망을 자초한다.

1. 소명은 선택에 의존하며, 따라서 전적으로 은혜의 사역이다.
하나님께서는 선택을 자신 안에 감추어 두시지만, 부르심으로 그 선택을 나타내실 때에는 무차별적으로 하시지 않는다. 따라서 부르심은 선택의 "증거"라고 일컫는 것이 합당할 것이다.
복음의 선포는 선택이라는 원천에서 흘러나오는 것이지만, 이런 선포는 악인들과 함께 듣는 것이므로, 그 자체로서는 선택을 완전히 증거하지 못한다. 그러나 하나님께서는 선택된 자들을 믿음으로 인도하시기 위해서 효과적으로 가르치신다.

2. 부르시는 방법은 부름이 은혜에만 의존한다는 것을 분명히 알려준다.
유대인들과 이방인들이 함께 바울과 바나바의 전도를 들었다.

모든 사람이 꼭 같은 말씀으로 교훈을 받은 후에, "영생을 주시기 작정된 자는 다 믿더라"고 하였다(행 13:48).

3. 믿음은 선택의 역사이지만, 선택은 믿음에 의존하지 않는다.

어떤 사람들은 성령의 은혜를 그렇게까지 약화시키지 않으면서도, 어떤 이유로 선택을 믿음에 의존시킨다.

그러나 우리가 복음을 받아들인 후에라야 선택이 효과를 나타내며 여기서 그 타당성을 얻는다고 말한다면, 그것은 잘못이다.

하나님께서 그의 결정을 우리에게 밝히 보이실 때, 우리는 더욱 높은 곳으로 올라가야 하며 결과가 원인을 압도하지 않도록 해야 한다.

4. 선택의 확신에 도달하는 올바른 방법과 잘못된 방법

하나님의 선택이 아니라면 나의 구원은 어디서 오는가?

그러므로 우리의 탐구 방법은 하나님의 부르심을 출발점과 종점으로 삼아야 한다.

5. 선택은 그리스도 안에서만 이해되고 인정되어야 한다.

하나님 아버지로서의 자비와 인자를 발견하려면, 우리는 우선 그리스도를 보아야 한다. 하나님의 영은 오직 그리스도 위에 머무신다(마3:17참조). 우리가 구원과 생명과 천국의 영생을 구할 수 있는 곳은 그리스도 이외에 다른 곳이 없다.

그런데 선택의 목적은 하늘 아버지께서 자녀로 삼아 주신 우리가 그의 은혜로 구원과 영생을 얻는 것이 아니고 무엇인가?

우리는 우리 선택의 보증을 우리 자신 안에서 발견하지 못할 것이다.

  만일 하나님과 그리스도를 분리해서 생각한다면, 하나님 아버지 안에서 조차도 발견할 수 없다. 그리스도는 선택을 보게 하는 거울이며, 우리가 그를 통해 볼 때에는 아무런 자기 기만도 없는 것이다.

  우리는 기도할 때에도 이 생각을 항상 가져야 한다. 선택에 대한 신앙은 하나님께 대한 우리의 기도를 촉진시킨다.

제 25 장
최후의 부활

1. 부활의 소망의 중요성과 이에 대한 몇 가지 문제점

  의의 태양이신(말 4:2) 그리스도께서는 죽음을 정복하시고, 바울의 말대로 우리에게 생명의 빛을 비추셨다(딤후 1:10). 그러므로 우리도 믿음으로 "사망에서 생명으로 옮겼으며"(요 5:24), "이제부터…… 외인도 아니요 손도 아니요 오직 성도들과 동일한 시민이요 하나님의 권속이다"(엡 2:19). 하나님께서 우리를 자신의 독생자와 "함께 하늘에 앉히시니"(엡 2:6). 이것은 완전한 행복을 위하여 우리에게 아무 부족함도 없게 하시려는 것이다.

  지금까지 우리가 구원에 대해서 말한 것은 우리의 마음을 하늘에 향하여 높이 끌어올리는 것인데, 그래서 "믿음의 결국 곧 영혼의 구원"을 얻게 되는 것이다(벧전 1:8-9). 그러므로 바울은 경건한 자들의 믿음과 사랑은 하늘에 있는 소망을 바라본다고 한다

(골 1:4-5). 따라서 우리가 그리스도를 바라보고 하늘을 의지하며, 지상에 있는 것에 조금도 끌리지 않고 약속된 복을 사모할 때, "네 보물 있는 그 곳에는 네 마음도 있느니라"는 말씀이 참으로 실현된다(마 6:21).

바로 이러한 것 때문에 이 세상에는 믿음이 드물다. 우둔한 우리들이 무수한 장애물을 극복해서 "위에서 부르신 부름의 상을 위하여 좇아"가는 것처럼(빌 3:14) 어려운 일은 없는 것이다. 태산과도 같은 불행이 우리를 거의 압도할 뿐 아니라, 우리의 현세적 축복의 유혹을 기꺼이 물리치고, 눈에 보이지 않고 지나가는 그림자 같은 복을 얻으려고 노력한다고 해서, 세속의 인간들은 우리를 조롱한다. 끝으로 우리 주변에는 무서운 유혹이 꽉 차 있어서, 우리의 마음을 땅 위의 일들에서 해방시켜 저 멀리 있는 하늘 생활에 붙들어 매놓지 않는다면, 우리의 마음은 올바로 유지될 수 없을 것이다. 따라서 복된 부활을 끊임없이 명상하는 습성이 생긴 사람만이 복음이 주는 유익을 완전히 받을 것이다.

2. 부활의 소망에 대한 동기는 하나님과의 연합을 사모하는 것이다.

하나님과의 연합이야말로 사람에게 있어서 최고선이라는 것을 인지한 사람은 플라톤뿐이었지만, 그 역시 그 연합의 본질에 대해서는 전연 알 지 못하였다.

우리는 이 지상의 나그네 생활에서도 유일한 완전한 행복을 안다. 그러나 이 행복은 우리의 마음속에다 하나님과의 연합을 갈망하도록 매일 매일 불을 붙인다. 연합이 완전히 실현되어 우리가 만족할 때까지 이것은 계속될 것이다. 내가 위에서 부활을 향하여 마음을 끌어올리는 사람들만이 그리스도의 은혜를 받는다고 말한 것은 이 때문이었다.

3. 몸의 부활: 그리스도의 부활은 그 원형이다.

내가 이 간단한 논의를 이때까지 연기한 것은, 완전한 구원을 주시는 그리스도를 받아들인 독자들이 더욱 높은 곳에 오를 줄을 알게 되고, 그리스도께서 하늘의 영생과 영광을 입으셔서, 온 몸이 그 머리(그리스도)와 같이 되게 하려 하신다는 것을 알도록 하기 위한 것이었다. 성령께서는 이와 같이 그리스도를 부활의 실례로서 우리에게 몇 번이든지 보여주신다.

복음서 기자들이 사실이라고 한 것을 유치한 이야기라고 비웃는 사람들도 있을 것이다.

왜 그리스도께서는 승리의 빛나는 전리품을 성전이나 공개된 장소에서 전시하시지 않았는가?

세상 사람들은 그가 선택하신 사람들이 정당한 증인이었다는 것을 인정하려고 하지 않는다.

나는 대답한다. 처음에는 그리스도를 약하다고 해서 경멸할 수 있었지만, 하나님의 놀라운 섭리에 의해서 이 모든 일이 주관되어, 공포심에 압도되었던 자들이 무덤으로 가게 되었다.

그들은 사실에 대한 목격자가 될 뿐 아니라, 그들이 눈으로 본 바로 그 일을 천사들로부터 듣게 되었다.

그 후에 그리스도께서는 친히 아직도 남아 있을지 모르는 의심을 제거해 주셨다(눅 24:38).

그리스도께서는 하나님 나라의 비밀에 대해서 그들에게 말씀하였고(행 1:3), 마침내 그들의 눈앞에서 하늘로 들림 받으셨다(행

1: 9).

그리고 주님께서는 성령을 보내셔서 자신의 살아나신 것뿐만 아니라 최고 주권자 되심을 확실히 증명하셨다.

6. 육신은 부활하지만 영혼은 불멸한다

호기심이 병적으로 강한 사람들이 두 가지 망상을 제기하였다. 어떤 사람들은, 마치 전인(全人)이 죽거나 하는 것처럼 영혼이 몸과 함께 부활하리라고 생각하였다.

우리의 중간 상태에 대해서 지나친 호기심을 가지고 탐구하는 것은 마땅하지도 않고 유익하지도 않다.

그러므로 우리는 하나님께서 우리에게 정하신 한계, 즉 경건한 자들의 영혼은 그 어려운 싸움을 마친 후에 약속된 영광을 즐길 때를 기쁘게 기다리던 복된 안식으로 들어가며 모든 일은 구속자이신 그리스도께서 나타나실 때가지 보류된다는 한계를 지키고 만족해야 한다.

8. 몸을 존중하는 의식의 중요성

바울은 세례를 우리의 미래 부활에 대한 보증이라고 한다(골 2:12). 성만찬은 우리가 입으로 영적 은혜의 상징들을 받아먹을 때마다 부활에 대해 확신토록 우리를 초대한다.

하나님께서 십자가의 가치 하에 훈련시키시고 승리의 찬사로 장식하시는 몸이 천국에 들어가는 것을 부정할 이유가 전혀 없다.

10. 영원한 축복

우리는 항상 영원한 행복, 즉 부활의 목표를 염두에 두어야 한다. 이 행복이 얼마나 위대한가는 사람이 아무리 표현하더라도 그 가장 작은 부분도 포착하지 못할 것이다.

선지자들은 그 영적인 복을 그대로 말로 표현할 수 없기 때문에 물질적인 용어로 대략 묘사했을 뿐이다.

하나님께서 모든 선한 것을 자신 안에 보유하시며 끝없는 샘과 같으시다면, 최고선과 행복의 모든 요소를 구하는 사람들은 하나님 이외에 다른 것을 구해서는 안 된다.

하나님께서 지상에 있는 성도들에게 영적 선물을 아낌없이 주시고 하늘에서는 영광으로 그들을 장식하시리란 것을 안 바울은, 자기의 수고에 해당하는 특별한 면류관이 하늘에 준비되어 있다는 것을 믿어 의심치 않았다(딤후 4:8). 그리스도께서 사도들에게 그들의 직무가 존귀하다는 것을 가르치실 때, 그에 대한 결실은 하늘에 저장되어 있다고 하셨다(마 19:21 참조).

요컨대, 그리스도께서는 이 세상에서 그의 몸의 영광을 각양각색의 선물로 나타내기 시작하시고 점점 그 영광을 더 해가시는 것과 같이, 하늘에서 그 영광을 완성하실 것이다.

12. 버림받은 자들의 운명

우리가 특히 명심해야 할 점은 하나님과의 교통이 완전히 단절된 상태가 얼마나 비참한가 하는 것이다. 그뿐 아니라, 도저히 그 압력을 피할 수 없는 하나님의 주권적인 능력을 느끼는 것도 얼마나 비참한가를 우리는 반드시 명심해야 한다.

따라서 사도가 불신자들을 "주의 얼굴과 그의 힘의 영광을 떠나 영원한 멸망의 형벌"을 받을 것이라고 말한 것은(살후 1:9) 공허한 말이 아니다.

제IV권
교회

●

하나님께서 우리를 그리스도의 공동체로 초대하시며
그 안에 지켜주시는 외적인 은혜의 수단 또는 보조장치

제1장
참된 교회:
모든 경건한 자의 어머니인 이 교회와 우리는 연합해 있어야 한다

1. 교회의 필요성

　전권에 설명한 바와 같이, 그리스도께서 우리의 그리스도가 되시고, 우리는 그가 가져오신 구원과 영원한 축복의 참여자가 되는 것은 복음을 믿음으로써 이루어진다. 그러나 우리의 믿음을 생기게 하고 증진시키며, 그 목표에 이르게 하려면 무지하고 게으른 우리들에게는 (여기에 변덕스러움이 추가되어) 외적 도움이 필요하기 때문에, 하나님께서는 우리의 이같은 약점에 대비하기 위하여 보조적 장치를 첨가하셨다. 또한 복음 선포(설교)가 활발하게 이루어지도록 이 보물을 교회에 맡기셨다. 그들의 입술을 통하여 자기의 백성을 가르치시려고 "목사와 교사들"을 임명하셨고(엡 4:11) 우리들에게 권위를 주셨으며 끝으로 신앙의 거룩한 일치와 올바른 질서를 위해 도움이 되는 것은 하나도 빠뜨리지 않으셨다. 우선 성례전을 제정하셨는데 성례전에 참여한 우리는 그것이 신앙을 자라게 하며 굳게 하는 매우 유익한 수단임을 느낀다. 우리는 육신의 감옥에 있는 것처럼 갇혀 있어서 아직 천사들의 지위를 얻지 못했다. 그러므로 하나님께서는 스스로를 우리의 능력에 맞추시는 놀라운 섭리로 비록 멀리 떨어져 있기는 하나 우리가 자신에게 가까이 나아가는 방법을 지시하였다.

따라서 우리의 교육 계획에 의하면, 이제 우리는 교회, 교회 정치, 교회 직제 및 권세를 논하고 다음에는 성례 그리고 마지막으로 민간 제도를 논할 필요가 있다. 동시에 우리는 하나님께서 우리를 구원하시려고 정하신 모든 것이 교황제도에서 사단에 의해 더럽혀진 그 부패한 상태를 경건한 독자들에게 상기시켜야 한다.

2. 교회의 기초

그리스도의 은혜를 파괴하기 위하여 마귀가 온갖 수단을 다 쓰고, 하나님의 원수들도 그에 못지 않은 잔인한 분노로 격분하지만 그리스도의 은혜는 소멸되지 않으며 그리스도의 피가 무익한 것으로 되지 않을 것이고 오히려 어느 정도 유익을 주게 될 것이라는 것을 우리가 안다. 그러므로 우리는 하나님의 은밀한 선택과 그의 내적 부르심을 생각해야 한다.

교회의 기초는 하나님의 은밀한 선택이다. 우리가 교회의 연합을 생각할 때 우리가 이 연합될 교회의 진정으로 접붙임 받은 자라는 것을 생각하지 않는다면 선택받은 무리를 이해하고 생각하는 것만으로는 충분치 못하다. 왜냐하면 머리이신 그리스도와의 연합이 없으면 우리가 우리에게는 장래의 기업에 대한 소망이 없기 때문이다.

3. 성도의 교통

우리가 교회를 믿는 근거는 교회가 그리스도의 지체라고 확신하기 때문이다. 이와 같이 우리의 구원은 확실하고 견고한 기반 위에 서 있으며, 따라서 세계의 모든 조직이 다 무너지더라도 교회는 흔들리거나 쓰러질 수 없다. 첫째로, 교회는 하나님의 선택에 의해서 존립하며, 하나님의 영원한 섭리와 같이 흔들리거나 파멸될 수 없다. 둘째, 교회는 그리스도의 영원 불변하심에 연결되어 있어서, 그리스도께서 자기의 지체가 조각조각 찢기는 것을 허락하시지 않는 것과 마찬가지로 신자들이 자기에게서 멀어지는 것도 허락하시지 않을 것이다. 뿐만 아니라, 우리가 교회의 품속에 머물러 있는 동안은 진리가 항상 우리와 함께 거할 것을 우리는 확신한다. 마지막으로, 우리는 다음의 약속들이 우리에게도 적용된다고 느낀다. "시온산과 예루살렘에서 피할 자가 있을 것임이요"(욜 2:32; 욥 17). "하나님이 그 성중에 거하시매 성이 요동치 아니할 것이라"(시 46:5).

　우리는 우리의 이해력이 미치지 못하는 교회를 눈으로 명료하게 볼 수는 없지만, 교회는 믿음의 영역에 속한다는 사실이 교회를 여전히 존중해야 된다고 우리에게 경고한다. 또 우리가 볼 수 없는 교회를 인정한다고 해서 우리의 믿음이 나빠지는 것은 아니다. 여기서 우리는 버림받은 자와 선택받은 자를 구별하라는 명령을 받지는 않는다. 이것은 우리의 일이 아니라 하나님만이 하시는 일이다.

4. 신자의 어머니로서의 가시적 교회

　우리는 지금 가시적 교회를 논하고자 하므로 교회를 아는 것이 얼마나 유용하고 얼마나 필요한가를 "어머니"라는 단순한 칭호로부터 배워야 하겠다. 이는 이 어머니가 우리를 잉태하고 낳으며 젖을 먹여 기르고 우리가 이 육신을 벗고 천사같이 될 때까지 보살펴 주시고 지도해 주시지 않는다면 우리는 생명으로 들어갈 길이 없기 때문이다. 연약한 우리는 일평생 교회에서 생도로 지내는 동안 이 학교로부터 떠나는 것을 허락 받을 수 없다.

그러므로 교회를 떠나는 것은 항상 비참한 결과를 낳는다.

5. 교회를 통한 교육, 그 가치와 그 의무

하나님께서는 그의 자녀를 일순간에 완전하게 하실 수 있지만 그럼에도 불구하고 오로지 그들이 교회에서 교육을 받음으로써만 장성한 사람이 되기를 바라신다. 즉, 목사들에게 하늘 교리를 전파하라고 명령하셨다.

그러므로 하나님께서 교회의 손을 통하여 주시는 영적 양식을 멸시하는 사람이 모두 기근과 굶주림 속에 멸망하는 것은 당연하다. 하나님께서는 복음만을 도구로 사용하셔서 우리에게 믿음을 고취시킨다. "믿음은 들음에서 난다"는 바울의 말과 같다(롬 10:17). 또한 하나님께서는 구원하는 능력이 있는데(롬 1:6), (또 증거한 바와 같이) 하나님께서는 그 능력을 복음 전파에 의해서 나타내신다.

이일은 이중으로 유익하다. 한편으로는 우리가 목사의 말을 하나님 자신의 말씀같이 들을 때 이것을 아주 좋은 시험 수단으로 삼아 우리의 순종을 입증하신다. 또 한편으로는 우리의 연약함을 참작하셔서, 친히 우리를 향하여 우뢰같이 말씀하시면 우리가 달아날 것이므로 해석자들을 통하여 인간다운 방식으로 말씀하심으로써 우리를 자신에게로 이끄신다.

교회는 오직 외적인 복음 선포에 의해서만 세워지고, 성도들은 한 유대에 의해서만 결합된다.

9. 교회의 표지와 판단에의 적용

하나님의 말씀이 순수하게 전파되며 경청되며, 그리스도께서 제정하신 대로 성례전이 지켜질 때에 거기 하나님의 교회가 존재한다는 것은 의심의 여지가 없다(참조, 엡 2:20).

10. 교회의 표지와 권위

우리는 말씀의 선포와 성례의 준수를 교회를 구별하는 표지로 정했다. 이 일들은 하나님의 축복에 의해 반드시 열매를 맺으며 또 반드시 번창한다. 말씀이 선포되는 곳마다 곧바로 열매가 있다고 말하는 것은 아니다. 그러나 말씀을 받아들이고 언제나 말씀이 거하는 곳에서는 반드시 그 효력이 나타난다. 복음 선포에 경건히 귀를 기울이고 성례전을 경시하지 않는 곳에서 속이는 것도 아니요 애매한 것도 아닌 교회의 형태가 나타나게 된다.

하나님께서는 교회의 사역과 수고에 의해서 말씀의 선포가 순수하게 유지되기를 원하셨고, 영적 양식과 구원에 유익한 모든 것을 우리에게 공급해 주심으로써 친히 한 가족의 아버지이심을 보이고자 하셨다.

그러므로 교회로부터 분리되는 것은 하나님과 그리스도를 부정하는 것이 된다. 따라서 우리는 이러한 악한 분리를 더욱 회피해야 한다.

12. 표지에 유의하면 경솔한 분리를 막을 수 있다

말씀을 순수하게 선포하고 성례전을 순수하게 집행한다면 우리는 그러한 두 가지 표지를 모두 가지고 있는 단체를 교회로 인정해도 좋다는 충분한 보장이 된다. 이 원칙에 따라서 우리는 이 표지를 보존하고 있는 한 다른 결점이 많이 있더라도 그 공동체를 거부해서는 안 된다는 점을 주장할 수 있다.

비본질적인 문제들에 관하여 다른 의견을 갖는다고 해서 그것이 그리스도인들 사이의 분열을 야기시키는 근거가 될 수는 없다는 것을 사도는 충분히 지적해 주지 않는가?

신앙 생활의 본질을 손상시키지 않고 구원도 상실하지 않을 문제들에 있어서는 잘못된 생각을 용서해야 한다.

내가 말하고자 하는 바는 사소한 불일치로 인해 경솔하게 교회를 버려서는 안 된다는 것이다. 왜냐하면, 오직 교회 내에서만 경건 생활이 건전하게 유지되며 주께서 제정하신대로 성례전이 집행됨으로써 교리가 안전하고 순수하게 보존되기 때문이다.

제 2 장
거짓교회와 참 교회와의 비교

1. 기본적인 구별

말씀 선포와 성례전 집행을 우리는 극히 존중해야 하며 교회를 구별하는 영원한 표지로 삼을 정도로 이 일을 존경해야 된다는 것은 이미 설명했다.

사소한 과오에 의해 교회의 합법성을 무시될 정도로 교회가 약화되는 것은 아니다. 뿐만 아니라, 용서되어야 할 과오가 있다는 것을 밝혔다. 즉, 중요한 교리를 손상시키지 않고 모든 신자들이 동의해야 하는 신조들을 파괴하지 않는 과오, 또한 성례전에 대한 주의 합법적 제정을 폐기하거나 전복시키지 않는 과오, 또한 성례전에 대한 주의 합법적 제정을 폐기하거나 전복시키지 않는 과오는 용서해야 된다.

2. 로마 교회와 그 주장

말씀의 선포 대신에 거짓으로 뒤섞인 패악한 조직이 교회를 지배하며, 이 조직이 부분적으로는 순수한 빛을 꺼버리기도 하고 또 희미하게 만들기도 한다. 주의 성만찬의 자리를 가장 더러운 모독 행위가 차지하였다. 하나님께 대한 예배는 여러 모양의 참을 수 없는 미신으로 더럽혀졌다. 교리를 떠나서는 기독교가 존립할 수 없음에도 불구하고 교리는 완전히 매장되고 제거되었다. 공중 집회는 우상숭배와 불경건한 가르치는 장소가 되었다.

4. 교회는 하나님의 말씀 위에 서 있다

교회의 기초는 사람의 판단이나 사제직에 있는 것이 아니라 사도들과 예언자들의 교훈에 있다. 바울은 우리를 환기시킨다(엡 2:20).

"하나님께 속한 자는 하나님의 말씀을 듣나니 너희가 듣지 아니함은 하나님께 속하지 아니하였음이로다"(요 8:47)

요약하면, 교회는 그리스도의 홀, 즉 그분의 지극히 거룩한 말씀과는 별개로 그리스도의 나라가 존재하는 듯이 상상하는 것은 거짓말이란 것을(참조, 렘 7:4) 어느 누가 분명히 깨닫지 못할 것인가?

제 3 장
교회의 교사들과 사역자: 그들의 선택과 직분

1. 왜 하나님께서는 사람의 봉사를 필요로 하시는가?

그는 가시적 실체로 우리들 가운데 계시는 것이 아니므로(마 26:11) 그렇다.

우리는 그분이 사람들의 사역을 이용하셔서 자신의 뜻을 우리들에게 말로써 명백하게 위임된 일 가운데 하나로서 하나님께서 자신의 권리와 영광을 옮기신 것이 아니고 단지 그들의 입을 통해서 자신의 사업을 이루시려는 것이다. 마치 노동자가 일을 할 때에 연장을 사용하는 것과 같다.

하나님께서 하늘 지혜의 보화를 약한 질그릇에 숨기신 것은(고후 4:7) 우리가 그 보화를 얼마나 귀중히 여겨야 하는가를 확실히 증명하시기 위함이다.

그리하여 구원과 영생의 가르침을 사람들에게 맡기시고 그들의 손을 거쳐서 다른 사람들에게 전달되게 하셨다.

바울은 에베소서에서 그리스도의 선물의 분량대로 은혜를 주셨나니(엡 4:4-7)라고 말했다.

2. 교회를 위한 성직의 중요성

바울은, 인간의 사역은 신자들을 묶어서 한 몸을 이루게 하는 힘줄이라는 말로 인간의 사역이 하나님께서 교회를 다스리시기 위해 사용하시는 가장 중요한 힘이 된다는 것을 나타내 보인다.

하나님께서는 이 직책을 목회자들에게 위탁하시고 직무를 수행할 수 있는 은혜를 베푸셔서 그들을 통해서 은사를 교회에 분배하시며, 그의 이 제도 안에서 성령의 능력을 나타내심으로써 친히 임재하신다는 것을 어느 정도 보여주시고 그럼으로써 그 제도가 무용한 것이나 무가치한 것이 되지 않도록 하신다.

3. 성경에서 복음 선포의 직분은 특히 중요하다

하나님께서는 성직 제도를 옳게 보시고 모든 가능한 방법으로 그 위엄을 격찬하시는데, 이는 성직이 우리 사이에서 최고의 존경과 경의를 받고 심지어 가장 훌륭한 일로 여겨지기를 원하시기 때문이다.

복음사역은 성령과 의와 영생을 다루는 일이므로 교회 안에서 가장 눈에 띠고 가장 영광스러운 일이라고 한다(고후 4:6; 3:9). 이 구절들과 이와 유사한 구절들의 의미는 성직자들을 통해서 교회를 다스리며 유지하는 방식, 즉 주께서 영원히 세우신 이 방식이 소홀이 대접받거나 우리들의 무시 때문에 폐지되어서는 안 된다는 것이다.

4. 에베소서 4장에 따른 여러 가지 직분

바울은 그리스도께서 정하신 대로 교회 정치를 주관하는 사람들을 첫째로 사도, 다음은 선지자, 셋째는 복음 전도하는 자, 넷째는 목사, 끝으로는 교사라고 부른다(엡 4:11). 이 가운데 끝에 있는 둘만이 교회 내의 정상적인 직분이고, 처음 셋을 주께서 그의 나라의 초창기에 세우셨고 필요에 따라 가끔 부활시키는 것이다.

사도들이 하는 역할의 성격은 "온 천하에 다니며 만인에게 복음을 전파하라"(막 16:15)고 명령으로 분명해진다.

교회의 창설자로서 온 세계에 그 터를 닦아 두는 것이라고 말할 수도 있다(고전 3:10).

바울은 하나님의 뜻을 해석하는 사람에게 모두 "선지자"라는 이름을 붙인 것이 아니라 어떤 특별한 계시에 있어서 뛰어난 사람들을 선지자라고 불렀다(엡 4:11).

"복음 전하는 자"(전도자)는 사도들보다는 지위가 낮지만 직분으로 그들 다음에 있으면서 그들을 대신해서 활동한 사람들이라고 생각한다.

다음은 목사와 교사로 그들이 없이는 교회가 유지될 수 없다. 나는 둘 사이의 차이가 다음과 같다고 믿는다. 교사들은 교인 훈련이나 성례 집행이나 경고와 권면을 하는 일을 맡지 않고 성경을 해석하는 일만을 맡았다. 이것은 신자들 사이에서 교리를 온전하고 순수하게 유지하려는 것이었다. 목사직은 그 자체 내에 모든 기능을 포함시킨다.

5. 일시적인 직분과 영구적인 직분

전도자와 사도를 함께 묶는다면 우리는 서로 상응하는 두 쌍을 볼 수 있다. 우리 시대의 교사들은 고대의 선지자에 그리고 목사는 사도에 해당한다.

목사들은 각각 그들에게 맡겨진 교회를 다스린다는 점을 제외하고는 사도들과 똑같은 책임을 맡겼다.

6. 사도들과 목사들

주께서 사도들을 파송하셨을 때에, 이미 말한 바와 같이 복음을 전파하고 믿든 자들에게 세례를 주어 죄사함을 얻게 하라고 명령하셨다(마 28:19).

목사의 직분에는 복음을 전하며 성례를 집례한다는 두 가지 특수한 기능이 있다고 할 수 있다. 교수법은 공적인 강론뿐 아니라 각 가정에서 사적으로 가르칠 수도 있다.

그들이 교회에 임명된 것은 무위도식하라는 것이 아니라 그리스도의 교훈으로 사람들에게 진정한 경건을 가르치며 거룩한 성례를 집행하고 올바른 치리를 유지하며 실시하라는 것이다.

전세계를 위해서 사도들이 한 일을 목사들은 각각 자기가 맡은 양떼를 위해서 해야 한다.

7. 목사는 자기 교회에 매여 있다

일정한 임지나 목적이 없이 돌아다니며, 교회를 세우는 일보다는 목사 자신의 이익에 관심을 두고 마음대로 교회를 버리고 함부로 한 장소에 모이는 것은 혼란을 야기시킨다. 따라서 목사는 각각 자기의 한계에 만족하며 다른 사람의 영역을 침입하지 않는다는 이 조정을 가능한 한 전체적으로 준수하여야 한다.

한 곳에 부르심을 받은 사람은 (자기에게 유리하다고 해서) 그곳을 떠나거나 그곳에서 해방되기를 원해서는 안된다. 만약 어떤 사람이 다른 곳으로 옮기는 것이 유익하다 하더라도 자신의 개인적인 결정으로 시도 할 것이 아니라 공적인 인가를 기다려야 한다.

8. 장로

다스리는 사람들은(고전 12:28) 신자들 사이에서 선택된 장로들이었으며, 감독들과 함께 그들은 도덕적인 견책과 권징을 행하는 일을 맡았다고 나는 믿는다.

9. 집사

가난한 자를 보살피는 일은 집사에게 맡겨졌다.

로마서에는 "구제하는 자는 성실함으로… 긍휼을 베푸는 자는 즐거움으로 할 것이니라"고(롬 12:8) 두 가지종류가 언급되고 있다.

바울은 첫 문장에서 구제 물자를 나누어주는 집사들을 가리키고 있다. 그러나 둘째 문장은 빈민과 병자들을 돌보는 사람들을 말한다.

11. 외적 소명과 내적 소명

우리가 직책을 받는 것은 야심이나 탐욕이나 그 밖의 이기적 욕심 때문이 아니고 하나님에 대한 진지한 두려움과 교회를 세우려는 소명 때문이라는 것은 우리의 마음이 잘 증거한다.

훌륭한 목사의 경건을 겸한 학식과 그 밖의 은사는 확실히 이 직분을 위한 일종의 준비가 되기 때문이다. 이런 높은 자리를 위해 예정하신 사람들에 대해서 주께서 먼저 그 직분을 수행할 수 있는 무기를 주셔서 아무 준비 없이 빈손으로 임직을 받는 일이 없게 하신다.

12. 누가 교회의 사역자가 되며 어떻게 세워지는가?

교리를 믿으며 생활이 거룩하고, 그들의 권위를 손상시키거나 그들의 사역에 수치가 될만한 결함이 없는 사람이라야 한다(딤전

3:2-3; 딛 1:7-8)

그리스도께서는 사도들을 파견하실 때 그들이 지녀야 하는 무기와 도구를 주셨다(눅 21:15;24:49; 막 16:15-18; 행 1:8).

누가는 신자들이 장로를 세웠을 때 금식하며 기도했다고 말했다(행 14:23)

그들은 가장 엄숙한 일을 하고 있다는 것을 이해했기 때문에 반드시 최고의 경의와 신중함으로 그 일을 시도했다. 그러나 그들은 특히 기도에 전념했고 지혜와 분별의 영을 하나님께 구했다(참조, 사 11:2).

16. 임명

사도들은 안수로써 그들이 사역자로 받아들이는 사람을 하나님께 바친다는 뜻을 표시하였다.

이런 방식으로 그들은 목사와 교사와 집사들을 성별했다.

확실히 이 의식은 직분의 위엄을 사람들에게 알리는 표징으로서 유용하며 동시에, 임명을 받는 사람에게도 이제부터는 그가 더 이상 자기 마음대로 하는 것이 아니라 하나님과 교회를 섬기기 위한 매인 몸임을 경고한다.

제 4 장
고대 교회의 상태, 교황 제도 이전의 교회 정치

1. 고대 교회는 성경의 원형에 충실했다

고대 교회의 사역자들도 세 부류로 나뉘어 있었다. 장로 계열에서 (1) 일부는 목사와 교사로 선택되고 (2) 나머지 장로들에게는 도덕적인 문제들을 징계하고 지도하는 일을 맡겼으며(3) 빈민을 돌보고 구제 물자를 분배하는 일은 집사들에게 맡겼다.

2. 감독의 지위

가르치는 직분을 맡은 사람들은 모두 "장로"라고 불렀다. 각 도시에서 장로들이 자기들 가운데 한 사람을 뽑아 "감독"이라고 불렀는데, 이것은 계급이 같은 사람들 사이에서 흔히 일어나는 불화를 막기 위함이었다.

그 당시에 각 도시에는 장로회가 있었고 그 장로회는 목사와 교사로 구성되었다. 그들은 신자들 사이에서 가르치고 권고하며 시정하는 일을 시행했다.

각 장로회는 교회의 조직과 평화를 유지하기 위해서 한 감독 아래 있었다.

3. 감독과 장로들의 주요 의무

감독과 장로들은 말씀 선포와 성례전 집행에 전력을 다해야 했다. 장로가 설교를 해서는 안 된다고 결정한 것은(아리우스가 교회를 동요시킨 후) 오직 알렉산드리아에서 뿐이었다.

하나님의 백성들에게 하나님의 말씀을 먹이고, 공적으로나 사적으로나 건전한 교리로 교회를 세우는 것이 감독의 일차적인 의무라는 것은 교회의 오래 지속된 원칙이었다.

5. 집사의 직분

당시 집사직의 성격은 사도 시대와 같았다. 그들은 매일 신자들이 바치는 예물과 매년 교회에 들어오는 수입을 받아들여서 적절히 사용하는 일을 맡았다. 즉, 감독의 결정대로 일부는 사역자들의 생활비로 또 일부는 빈민들의 생활비로 지불하는 것이었다. 그들은 매년 그 분배 상황을 감독에게 보고했다.

사람들의 영혼이(이것은 보다 더 귀중한 것이다) 감독에게 맡겨졌다면 그가 재산 관리에 관여하는 것은 더욱 적절한 것이기 때문이다. 그의 권위에 의해 모든 것이 장로들과 집사들을 통하여 가난한 자들에게 분배되고, 두려움과 세심한 주의로써 관리된다.

6. 교회 재산의 운용

교회 재산은 토지든 돈이든 전부 빈민을 위한 재산이라는 생각을 우리는 교회 회의의 결정과 고대의 저술에서 종종 발견한다.

교회를 위해서 일하는 사람이 공적인 경비로 생활을 유지한다는 것은 정당한 일이며 또한 하나님의 율법에 의해서도 인정된 일이다(고전 9:14; 갈 6:6).

동시에 검소의 모범을 보여야 하는 사역자들이 사치하고 방종한 생활을 할만큼 많이 받지 말고 꼭 필요한 정도로만 했다.

7. 수입의 네 분배

성직자들과 빈민들과 교회 건물들의 보수를 위해서, 그리고 넷째로 타지방과 본 지방의 가난한 사람들을 위해서 각각 한 몫을 마련했다.

그레고리우스는 한 부분을 감독과 그의 가족에게 손님 접대와

생계 유지를 위해서고, 한 부분은 성직자들에게 또 한 부분은 빈민에게 그리고 넷째 부분은 교회 수리에 쓴다

제 5 장
교황 제도의 폭정이 고대교회의 정치 형태를 완전히 전복 시켰다

* 평신도의 투표 없이 무자격자를 지명했다, 1-3

1. 감독직에 필요한 자질을 무시함

그들의 행실을 평가한다면 고대 교회법이 부적격자라고 판단하지 않을 사람이 거의 없었을 것이다. 술고래가 아니면 음행하는 자였고, 이런 죄가 없는 자는 노름꾼이나 사냥꾼이었고, 또는 생활의 어떤 면에서든 방탕한 면이 있었다.

가장 어리석은 짓은 열 살도 되지 않은 소년을 교황의 허락으로 주교로 만드는 것이었다.

이것만 보더라도 그런 부주의와 무관심이 있었던 곳에서의 선거가 어떤 종류의 것이었는지 분명해 진다.

2. 주교 선거의 권리를 박탈당한 공동체

지금은 주교를 선거하는 모든 권리가 평신도에게 완전히 사라졌다. 투표, 동의, 서명 승낙, 그리고 그와 유사한 일들이 모두 없어지고 모든 권한이 참사회의원들에게로 이전되었다. 참사회

의원들은 자기들이 좋아하는 사람에게 주교직을 수여하고 곧바로 신도들에게 소개한다. 신도들에게 그를 검토하라는 것이 아니고 숭배하라는 것이다.

6. 성직록의 정체

나는 오늘날의 교회 제도하에서는 옛사람들이 정의한 의미의 성직 매매없이 수여되는 성직록은 백에 하나도 없다고 단언한다.

어떤 자들은 친척이나 인척 때문에, 어떤 자들은 부모의 영향력으로 승진한다. 또 어떤 자들은 아부로 환심을 산다. 한마디로, 사제직을 수여하는 목적은 교회의 유익을 위한 것이 아니라 그 자리를 얻는 사람의 이익을 위한 것이다. 따라서 이것은 성직록(benefice)이라고 명명된다.

9. 성직록을 받는 사제들과 고용된 사제들

하나님 말씀이 명령하고(고전 4:1; 참조. 요 10:1 이하) 고대 교회법이 요구한 대로 사제(장로)의 직책은 교회를 양육하며 그리스도의 영적인 나라를 섬기는 것인데 그 직분을 다하지 못하고 있을 뿐 아니라 일할 합법적인 직분도 없다면 잘못이다.

가르칠 곳이 없으며 다스릴 사람도 없다.

그들에게는 그리스도를 제물로 드리는 제단 외에는 남은 것이 없다는 것이다.

그들은 하나님께 드리고 있는 것이 아니고 귀신들에게 드리고 있다(참조. 고전 10:20).

10. 성직자들의 겉치레

참사회 의원, 부주교, 부속 예배당 사제, 참사회 의장, 기타 하는 일이 없이 성직록을 먹는 자들은 모두 같은 부류라고 인정해야 한다. 그들이 어떤 방법으로 교회를 섬길 수 있는가? 그들은 말씀 선포와 권징의 엄수, 성례 집행을 귀찮은 짐이라고 해서 내던져 버렸다. 진실한 사제라고 자랑할 수 있는 그 무엇이 그들에게 남아 있는가?

11. 주교들과 교구 사제들

그들은 교회의 합법적인 목자로 인정을 받고자 하면서도 목자의 일을 하지 않는다는 것이다. 자기 교회를 다스리는 척이라도 하는 사람은 몇 명이 될까? 일평생 교회의 수입을 받아 먹으면서도 한번도 그 교회를 찾아보려 하지 않는 사람이 수없이 많다. 어떤 사람은 일년에 한번 자기가 가거나 사환을 보내서 수입에 손실이 없도록 한다.

사환이나 소작인에게 농토를 맡기듯이 그들은 그들의 대리자들에게 교회를 맡긴다. 그러나 자기의 양을 한 마리도 본 일이 없는 사람이 그 양떼의 목자라는 것은 상식 자체가 인정을 거부하는 생각이다.

18. 교회 재산의 부정한 사용과 정직한 사용

오늘날의 교회에서 이와 같은 절제를 볼 수 있는가? 극단적인 것, 부패한 현대 취미에 부합되는 것만을 좋아한다.

그러면서 살아 있는 성전들은 돌보지 않고 가장 작은 잔이나 병 한 개를 아낌으로써 수천 명의 빈민이 굶어 죽는 것을 방치한다.

이 물질들은 그리스도께 바쳐진 것이다. 그러므로 그분의 뜻에 따라서 분배해야 한다.

19. 성직자의 소유와 권력

검소와 중용과 절제와 겸손의 모범을 보여야 할 사람들이 고용인의 수를 늘리고 화려한 건물과 호화로운 의복과 빈번한 연회에 경배를 쓰는 데 있어서 세상의 군주들과 경쟁을 벌이니 이것이 합당한 일인가?

제 6 장
로마 교황청의 수위권(首位權)

1. 로마 카톨릭 교회에 복종하라는 요구

그들이 우리에게서 교회를 빼앗아 가고 스스로 차지하려 할 때에 그들은 특별히 자기들에게는 머리가 있고 교회의 단결은 그 머리에 달렸으며 그 머리가 없으면 교회가 산산조각이 난다는 사실에 의지한다. 그렇게 하는 이유는 머리가 되는 로마 교황청에 복종하지 않으면 교회는 목이 잘린 불구가 된다는 것이다. 그러므로 그들이 성직 계급 제도를 논할 때에 항상 이 원칙으로부터 출발한다.

2. 구약의 대제사장직이 교황 수위권의 증거로 인증될 수 없다

교황은 자기가 교황이 된 때에 그 직함을 받았다고 감히 주장하지만 그런 것이 아니라 그리스도에게 이양되었다.

　그리스도께서는 대리자나 후계자 없이도 친히 그 자리를 지키시며, 따라서 아무에게도 그 명예를 넘기시지 않는다. 이 제사장직은 가르치는 일뿐 아니라 하나님을 진정하시게 하는 일도 하는데, 그리스도께서는 자기의 죽음에 의해서 또 현재 아버지 앞에서 하시는 중보에 의해서 이를 행하신다.

4. 열쇠에 대한 왜곡된 주장

　복음의 교리에 의해 우리 앞에 하늘이 열리기 때문에 "열쇠"라는 말은 적절한 은유가 된다. 그런데 사람들이 매이며 풀린다는 것은, 어떤 사람은 신앙에 의해서 하나님과의 화해를 얻으며 어떤 사람은 불신앙으로 인해서 더욱 속박을 받는다는 뜻에 불과하다.

9. 양도될 수 없는 그리스도의 머리되심

　바울은 모든 것이 각 지체를 통하여 공급되며 힘은 하늘에 계시는 유일한 머리에서부터 흘러온다고 가르치고 있다(엡 4:16).
　곧 그리스도께서는 머리이시며 이 영예는 그리스도에게만 있는 것이라고 성경이 입증하고 있기 때문에 그리스도께서 친히 자기의 대리로 임명하신 사람이 아니면 아무에게도 그것이 이양되지 말아야 한다는 것이다.

제 7 장
로마 교황권의 기원과 성장

2. 칼케톤 및 제5차 콘스탄티노플 회의

다음에 칼케톤 회의가 이어졌는데 그 회의에서는 황제의 양보로 로마 교회의 대표들이 첫 자리를 차지하였다. 그러나 레오 자신은 이것이 특권임을 인정했다.

3. 초기에는 알려지지 않았던 후기 로마 감독들의 명예로운 칭호

키프리안은 자주 코넬리우스를 언급하면서, "형제", "동료 감독" 또는 "동료"라고 부를 뿐이다.

카르타고 회의는 아무도 "사제장" 또는 "첫째 감독"이라고 부르지 말고 다만 "제일 교구의 감독"이라 부르게 했다. 그러나 더 오랜 기록을 본다면, 당시의 로마 감독은 "형제"라는 통상적 칭호로 만족한 것을 알 수 있을 것이다.

교회의 참되고 순수한 형태가 지속되는 한 후대 로마 감독이 거만하게 된 이름들은 전연 들을 수 없는 것이 확실하다.

4. 그레고리 1세는 "만인의 감독"(universal Bishop)이라는 칭호를 거부했다

그레고리 시대까지는 "만인의 감독"이라는 칭호에 대한 논쟁이 생기지 않았는데 콘스탄티노플의 요한의 야망이 이 싸움의 원인이 되었다. 그는 만인의 감독이 되고 싶었기 때문이다.

5. 로마의 재판권의 기원

콘스탄틴 대제의 아들 콘스탄티누스와 콘스탄스 황제의 치세 하에, 동방 교회들이 아리우스파에 의해 분열과 혼란을 겪었을 때 정통 신앙의 핵심적 옹호자였던 아타나시우스가 교구로부터 추방을 당했다. 이 재난이 그를 로마로 내몰았고 그는 로마 감독의 권위로 원수들의 광태를 누르며 고난 중에 있는 신자들에게 힘으로 눌렀다.

그 후 악한 사람들도 로마 교회에 존엄을 더해 주었다. 그들은 합법적인 판결을 피하기 위해서 로마에 피난처를 얻었기 때문이다.

아프리카에서도 이런 일이 자주 있었던 것이 분명하다. 왜냐하면 어떤 악한이든지 정규 재판을 받게 되면 곧 로마로 도망해서 자기 나라 사람들을 중상하였기 때문이다. 더구나 로마 감독은 언제든지 개입할 준비가 되어 있었다.

6. 당시 로마 권력의 특색

이탈리아 감독들은 모두 로마에 가서 취임식을 하는 관습이 생겼다.

처음에는 경의 및 예의 표시로 대감독들을 서로 파견하여 취임식에 참석시키며 동시 관계를 표명했다. 이렇게 자발적이던 일이 후에 하나의 의무로 인정되기 시작했다.

8. 회의 소집권

로마 시의 오랜 역사와 위대성 그리고 로마 교구의 위엄을 보아서, 로마 감독이 출석하지 않은 회의에서 종교에 관한 보편적인 결정을 해서는 안 된다는 것을 고려했다고 하더라도 그것은 기이한 일이 아니다. 로마 감독이 출석을 거부했다면 문제는 달라진다. 그러나 이 일과 교회 전체를 지배하는 일과는 어떤 관련이 있는가?

제 8 장
신조에 대한 교회의 권위: 교황 제도하에서 교회가 어떻게 임의로 교리의 순수성을 완전히 부패시키게 되었는가

1. 교리에 대한 교회 권위의 임무와 한계

교회의 권한의 일부는 감독들 개인에 의해, 일부는 지방 회의 또는 전체회의에서 행사되었다. 여기서 말하는 것은 다만 영적 권한이며, 이것은 교회의 고유한 권한이다. 그리고 이 권한은 교리에 관한 권한과 재판권 그리고 입법권으로 나뉜다. 교리적인 면에서 신조를 규정하는 권한과 신조를 설명하는 권한의 두 부분이 있다.

나는 교회의 권한에 대한 주장을 들을 때에 그 권한을 주신 목적에 대해서 권세를 주신 것은 파괴하는 것이 아니라 세우기 위한 것이라고(고후 10:8, 13:10) 바울이 한 말을 기억하라고 경건한 독자들에게 경고하고자 한다.

그런데 교회를 세우는 유일한 방법은 사역자들이 그리스도에서 그 권위를 유지하실 수 있도록 노력하는 것이다. 이렇게 하려면 그리스도께서 아버지로부터 받으신 것이 그대로 남겨져야 한다. 즉 그만이 교회의 선생이 되어야 한다.

2. 교리에 관한 모세와 제사장들의 권위

우리가 여기에서 기억해야 할 것은 성경에서 성령이 권위와 위엄을 제사장이나 예언자나 사도나 후계자들에게 주실 때에 특정 인간이 아니라 그들의 직분에 주셨다는 것이다. 간단히 말하면 그들이 선포하도록 위탁을 받은 그 말씀에 주셨다.

5. 계시의 단일성과 다양성

하나님께서는 하나님의 유일한 지혜와 빛과 진리이신 아들을 통하시지 않고는 어떤 방법으로도 사람들에게 자기를 계시하신 일이 없다는 것이다. 아담과 노아와 아브라함과 이삭과 야곱과 그 밖의 사람들이 하늘 교훈에 대해서 얻은 것은 모두 이 원천에서 마신 것이다. 예언자들이 발표한 하늘의 말씀도 모두 꼭 같은 원천에서 퍼낸 것이다.

7. 그리스도는 참 선지자시다

참으로 아버지께서는 "저의 말을 들으라"(마 17:5)는 간단한 말씀으로 그리스도를 우리의 교사로 추천하셨다.

우리를 모든 사람들의 교리에서 끌어내어 아들에게만 데려가시며, 구원에 대한 모든 교훈을 오직 아들에게만 구하고 그만을 의지하며 그에게 붙어 떨어지지 말라고 명령하시는 것과 같다. 요컨대 (그 말씀에 있는 것과 같이) 아들의 음성에만 귀를 기울이라는 뜻이다.

13. 말씀과 성령은 분리될 수 없다.

우리는 교회의 권위는 말씀에 부속되어야 한다고 주장하며, 말씀과의 분리를 허락하지 않는다.

교회는 바른 길로 이끌어 주는 가장 훌륭한 인도자인 성령이 자기와 항상 함께 계신다는 것을 의심하지 않을 것이다.

성령께서는 끊을 수 없는 유대로 하나님의 말씀에 결합되기를 원하시며, 그리스도께서도 교회에 성령을 약속하실 때에 이 점을 확언하셨다. 이것은 확실한 사실이다.

하나님과 성령이 주신 이 신성 불가침의 명령을 제거하기 위해서 우리의 원수들은 말씀과는 별도로 성령이 교회를 지배하시는 것같이 말한다.

제 9 장
교회 회의들과 그 권위

1. 서론적인 말

여기서 준수해야 할 규범은 그리스도의 권위를 약화시켜서는 안된다는 것이다. 모든 회의를 주관하며 그의 이 권위를 아무 사람도 나누지 못하게 하는 것은 그리스도의 권리다. 그리고 내가 주장하는 것은 전체 회합이 그리스도의 말씀과 영의 지배를 받을 때에 한해서 그리스도가 주관하시는 것이라는 사실이다.

우리는 우리의 교리를 완전하게 증명하며 교황 제도를 전멸시킬 만한 충분한 장비 곧 주의 말씀이 있으므로 다른 것이 그다지 필요하지 않다.

8. 회의 결정의 타당성

나는 어느 회의의 결정이 있을 때마다 회의는 언제, 무슨 문제로, 무슨 목적으로 열리고 또 어떤 사람들이 출석했는가를 사람들이 우선 깊이 생각하기를 바란다. 그 다음에 회의에서 취급할 문제를 성경을 표준으로 하여 검토하기를 바란다.

문제와 문제, 주장과 주장, 이유와 이유가 어느 한 쪽의 특수한 권위가 아닌 쌍방의 공통된 권위 즉 성경의 권위에 의해서 서로 싸우게 하라.

제 10 권
입법권, 교황은 이 권한으로 지지자들과 함께 영혼에 대해 가장 야만적인 폭정과 도살 행위를 자행하였다

1. 근본 문제

이제부터 이 권한 즉 교회가 법으로 양심을 속박할 합법적 권리가 있느냐 하는데 대해서 논하겠다. 이 논의에서 우리는, 어떻게 하면 정치질서를 다루지 않고 하나님이 세우신 규범에 따라 하나님께 합당한 예배를 드릴 수 있을까 하는 점과, 어떻게 하면 하나님을 바라보는 우리의 영적 자유가 손상을 당하지 않을까 하는 점에만 관심을 가질 것이다.

나는 다만 그리스도께서 자유케 해주신 문제들에 관한 한, 양심을 다시 속박하지 말라고 주장할 뿐이다. 이미 말한 바와 같이 양심은 자유를 얻지못하면 하나님 앞에서 안식을 얻을 수 없다. 양심은 그리스도 안에서 얻은 은혜를 지키려면, 한 왕이시며

해방자이신 그리스도를 인정하며, 하나의 자유의 법 즉 복음의 거룩한 말씀의 지배를 받아야만 한다.

3. 양심의 본질

우리는 먼저 양심이 무엇인가를 파악해야 한다. 양심의 정의를 알기 위해서는 "양심"(conscience)의 어원을 보아야 한다.

우리가 하나님의 판단을 마음으로 의식하고, 이 의식이 한 증인과 같이 붙어 있어서 우리가 우리의 죄를 감추는 것을 허락하지 않고 우리를 심판대 앞에서 고발할 때에 이 의식을 "양심"이라고 한다.

6. 교회는 양심을 구속하는 독립된 법을 정할 권리가 없다

거짓 주교들은 우리의 양심에 새로운 법의 짐을 지운다. 그들이 내세우는 구실은 하나님으로부터 영적 입법자로서의 임명을 받았다는 것과, 따라서 교회의 통치권을 자기들이 지니고 있다는 것이다.

나는 하나님의 말씀과 상관없이 그들이 지어낸 것을 의무적으로 지키라고 교회에 명령할 권리가 그들에게는 없다고 주장한다.

8. 인간이 제정한 법 가운데서 용납할 수 없는 것을 식별하는 방법

모든 의와 거룩의 완전한 기준은 하나님의 뜻에 있으며 하나님을 알면 선한 생활을 완전히 알게 된다는 것이다.

하나님만이 우리의 영혼에 대해서 권위를 가지셨고 우리는 하나님께 순종해야 하며 하나님의 뜻을 기다려야 한다.

새로운 짐으로 교회를 억압하려고 하는 거짓 사도들과 싸운 바울은 주를 어떻게 경배할 것인가 하는 데 대해서는 주께서 성실하고 충분하게 가르쳐 주셨으므로, 하나님께 대한 진정한 예배법은 사람에게서 배우려고 할 것이 아니라고 주장하였다.

그리고 그는 신자들은 헛된 철학과 인간의 법에 속아 그리스도의 양떼에서 떨어지는 일이 없도록 조심하라고 결론적으로 말하였다(골 2:8).

11. 카톨릭 교회법은 무의미하며 무익하다

이 교회법들에는 우리가 승인하지 않는 두 가지 중대한 결점이 있다. 첫째, 대체로 교회법에는 무익하고 심지어 어떤 것은 미련하기까지 한 준수사항들이 규정되어 잇다. 둘째, 경건한 양심은 그 무수한 규정에 눌려서 일종의 유대교로 돌아가 그림자를 붙잡고 있기 때문에 그리스도에 이르지 못한다.

제 11 장
교회 재판권과 교황 제도에서의 남용

1. 열쇠의 권한 위에 두고 있는 교회 재판권의 근거

이 재판권은 그 영적 조직을 유지하기 위해서 형성된 질서에 불과하다.

죄를 용서하거나 그대로 두는 것에 대한 이 명령과 매고 푸는 것에 관해서 베드로에게 하신 약속은 말씀의 사역에만 관련된 것이다. 왜냐하면, 주께서 사도들에게 그의 사역을 맡기실 때에 매고 푸는 직책도 갖춰 주셨기 때문이다. 죄와 죽음의 노예였던 우리 모두가 그리스도 예수 안에 있는 구속으로 말미암아 풀려 자유를 얻으며(롬 3:24 참조), 그리스도를 해방자와 구속자로 인정하지 않거나 받아들이지 않는 사람들은 정죄받고 선고받아 영원한 사슬에 매이라는 것(유 6 참조) 이 복음의 전부가 아닌가?

우리는 그 구절들에서 열쇠의 권한은 복음 선포에 불과하며 사람들이 생각할 때 그것이 권한이라기 보다 봉사라고 결론 내린다.

2. 매고 푸는 권세

마태복음 18장에 있는 다른 구절은 우리가 이미 말한대로, 매고 푸는 권세에 관한 것이다(마 18:17-18).

이 구절은 처음 구절(마 16:19)과 완전히 같은 것이 아니고 약간 다르게 이해되야 한다.

이 두 구절은 다음과 같은 점에서는 같다. 즉, 두 구절은 각각 일반적인 진술이며, 매고 푸는 같은 권세(즉, 하나님의 말씀을 통하여)와 같은 명령과 같은 약속이 이 두 구절에 들어 있다. 그러나 다음과 같은 점에서는 서로 다르다. 즉, 첫 구절은 특히 말씀의 사역자들이 실행하는 전도에 관한 것이고, 둘째 구절은 교회에 맡겨진 출교 규정에 적용된다.

5. 교회 재판권의 영적 성격

교회 재판권의 목적은 죄악을 막으며 발생한 불상사를 제거하는 것이다. 재판권을 행사할 때 고려해야 할 점은 두 가지다.

즉, 이 영적 권한은 칼의 권세에서 완전히 분리되어야 한다는 것과 한 사람의 결정이 아닌 합법적인 회의의 결정에 의해서 행사되어야 한다는 것이다.

거룩한 감독들은 벌금이나 투옥이나 그 외의 국가의 벌칙을 통해 권한을 행사하지 않고 오직 주의 말씀만을 사용했다. 이것은 합당한 일이었다.

고대 교회의 재판권은 목사들의 영적 권한에 대해서 바울이 가르친 것을 실제로 실행하는 것에 불과하였다.

제 12 장
교회의 권징: 주로 견책과 출교에 의해 행사됨

1. 교회 권징의 필요성과 성격
　사회나 조그마한 가정도 권징이 없이는 올바른 상태를 유지할 수 없다면 가장 잘 통제 되어야 할 교회에서는 더욱더 권징이 필요하다.
　따라서 그리스도의 구원의 교리가 교회의 생명인 것 같이, 권징은 그 근육이며 이 근육을 통해 몸의 지체들이 서로 결합되고 각각 자신의 위치에 있을 수 있다.

5. 권징의 목적
　첫째, 추악하고 부끄러운 생활을 하는 자들에게서 그리스도인이라는 이름을 빼앗으려는 것이다.

두 번째 목적은 흔히 있는 일이듯이 악한 사람들과 계속 교제함으로써 선한 사람들이 타락하는 일이 없도록 하려는 것이다.

세 번째 목적은 자신의 비열함에 대해 부끄러움을 이기지 못하는 사람들이 회개하기 시작하도록 만들려는 것이다.

16. 금식과 기도

우리가 지금 논의하는 권징에 관한 한 어떠한 중대한 일에 대해서 하나님께 기도하려는 경우에 금식을 기도와 함께 하는 것이 유익할 것이다.

그는 기도의 보조 수단으로서 금식을 첨가하여 이런 목적이 아니라면 금식이 그 자체로서는 중요하지 않은 것이라고 경고한다 (고전 7:5).

17. 금식과 회개

또 전염병이나 기근이나 전쟁이 휘몰아치기 시작하거나 어떤 재앙이 한 지방과 주민에게 닥쳐올 듯한 때에 주의 진노를 피할 수 있도록 간구하기 위해서 목회자는 교회에 금식을 권고할 의무가 있다.

18. 금식의 성격

경건한 사람은 일평생 검소하고 절제하는 생활을 해서 될 수 있는대로 금식에 가깝게 사는 것이 마땅하다. 그러나 이 외에도 다른 종류의 금식이 있다. 즉, 하룻동안 또는 일정 기간 동안 정상적인 식생활을 조절하여 보통 때보다 식사를 더 엄격하게 제한하기로 맹세하는 일시적인 금식이다.

제 13 장

맹세:

경솔하게 맹세함으로써 불행한 속박에 얽매이게 됨

1. 타락과 위험

그리스도께서는 그의 무한히 귀중한 피 값으로 교회를 위해 자유를 사주셨지만, 그 교회가 잔인한 횡포에 눌리며 산더미 같은 전통에 거의 압도되었다는 것은 참으로 통탄할 일이다.

3. 맹세하는 사람

내가 여기서 말하려고 하는 것은 우리의 맹세도 그 분량에 맞도록 하라는 것뿐이다.

하나님께서는 우리를 만물의 주인으로 만드셨고, 우리가 자신의 유익을 위해 만물을 사용할 수 있도록 만물을 우리에게 예속시켰다. 따라서(우리의 도움이 되어야 할) 외부적인 사물에 우리 자신을 굴복시켜 얽매이게 한다면, 그런 일이 하나님께서 기뻐하시는 봉사가 되리라고 기대할 근거는 전혀 없다.

5. 맹세에 대한 유의

경건에 필수적인 의무를 잊어버리거나 소홀히 할 때에는 맹세를 함으로써 기억을 불러일으키며 태만을 떨어버리는 일을 해서는 안 될 이유가 무엇인가?

나는 이 두 가지 맹세가 일종의 기본적인 훈련이란 것을 인정한다. 그러나 연약할 때에 보조 수단으로 사용한다면 무지하고 미숙한 사람들에게 유익을 준다.

21. 맹세를 파기하는 것에 대하여

하나님께서는 사람의 영혼이 구원을 얻기를 원하시며 멸망하는 것을 원하시지 않는데도 불구하고 지킬 수 없는 맹세가 확실히 그 영혼을 멸망에 빠뜨린다면, 사람은 그런 맹세에 계속 머물러 있어서는 안된다는 것이다.

사람들이 자기의 연약함을 생각하지 않고 본성을 거슬러 자기들에게 없는 은사를 탐내며, 주께서 그들의 힘에 미치는 범위 내에 마련하신 대책을 경멸하고, 무절제의 병을 완고하게도 그들이 정복할 수 있다고 생각할 때, 하나님께서는 그 교만을 무서운 실례로 처벌하신다.

제 14 장

1. 정의

우리의 믿음을 돕는 또 하나의 수단은 성례이며 이것은 복음 선포와 관련되어 있다. 성례가 제정된 목적과 현재의 시행 목적을 알기 위해서는 거기에 대한 명확한 교리를 아는 것이 매우 중요하다.

성례는 우리의 약한 믿음을 붙들어 주기 위해서 주님께서 우리에게 대한 그의 선하신 뜻의 약속을 우리의 양심에 인치시는 외형적이 표징이고, 우리 편에서는 그 표징에 위해서 주와 주의 천사들과 사람들 앞에서 주께 대한 우리의 충성을 확증하는 것이다. 더 간단히 정의하면, 성례는 우리에게 대한 하나님의 은혜를 외형적인 표징에 의해 확인하는 증거이며, 동시에 우리가 하나님께 대한 우리의 충성을 서로 증거하는 것이라고 할 수 있다.

3. 말씀과 표징

내가 제시한 정의로부터 우리는 성례에는 반드시 선행하는 약속이 있으나 성례는 일종의 부속물로서 그 약속에 결합된다는 것을 안다.

이런 수단을 통해 하나님께서는 우선 우리의 무지와 우둔함에 대해, 다음에는 우리의 연약함에 대해 대처하신다. 그러나 정확하게 말해서, 성례는 하나님의 거룩한 말씀을 확인하기 위해서 필요하다기 보다는 그 말씀에 대한 우리의 믿음을 확립하기 위해서 필요하다.

4. 말씀이 표징을 설명해야 한다

성례의 말씀에 대한 어거스틴의 가르침은 이와 훨씬 다르다. "성례에 사용되는 표징에 말씀을 첨가하라. 그러면 그것은 성례가 될 것이다."

그러므로 성례에는 믿음을 낳기 위해서 복음 선포가 필요하다는 것을 알 수 있다.

교훈이 없으면 우리의 감각기관은 단순히 표징만을 볼뿐이어서 어리벙벙해질 것이다.

6. 언약에 표징으로서의 성례

성례는 "우리 믿음의 기둥"이라고 부를 수 있을 것이다. 건물이 기초 위에 서 있지만 기둥으로 받쳐야만 확고하게 서 있을 것이다. 건물이 기초 위에 서 있지만 기둥으로 받쳐야만 확고하게 서 있을 수 있는 것과 같이, 믿음은 하나님의 말씀을 기초로 삼고 그 위에 서 있지만 성례가 첨가될 때에는 기둥으로 받친 것같이 더욱 튼튼하게 서 있게 된다.

7. 성례와 신앙

주께서는 그의 말씀과 성례를 통해서 그의 자비와 은혜의 약속을 우리에게 제공하는 것이 확실하다. 그러나 확실한 믿음으로 말씀과 성례를 받는 사람만이 이 일을 깨닫는다.

성례는 하나님의 은총을 우리에게 확증시킴으로써 우리의 믿음을 지탱하고 자라게 하며 강화하고 증진시킨다.

9. 성례와 성령

성례에 어떤 비밀한 힘이 영구히 내재하여 그 자체만으로서 믿음을 증진하거나 굳게 한다는 것이 아니다. 나는 주께서 그것을 제정하신 목적이 믿음을 굳게 하고 증진하는데 있다고 생각한다.

그러나 성례가 그 임무를 올바르게 수행하려면 반드시 저 내적 교사인 성령께서 오셔야 한다.

그러므로 나는 성령과 성례를 구별해서, 역사하는 힘은 전자에만 있고 그 임무는 후자에만 돌린다.

성령의 힘이 없으면 성례전은 아무 유익도 주지 못하며, 또 이 교사의 가르침을 이미 받은 마음속에서 성례가 믿음을 굳게 하며 증진시키는 것을 막을 방도가 없다.

10. 인간적 설득으로부터 취한 예증

우리 위에 들리는 말씀과 눈에 보이는 성례가 헛되지 않도록, 성령께서는 그 말씀이 하나님께서 하시는 말씀이라고 우리에게 알려 주시며 완고한 우리의 마음을 부드럽게 하시고 당연히 순종해야 할 주의 말씀에 순종하도록 준비시키신다. 끝으로, 성령께서는 저 외적인 말씀과 성례를 우리의 귀로부터 영혼에 전달한다.

말씀과 성례가 우리에 대한 하늘 아버지의 선하신 뜻을 눈앞에 제시할 때 그것들은 우리의 믿음을 굳게 한다. 즉 하나님에 대한 지식으로 우리의 믿음이 굳게 서며 더욱 강하게 된다. 성령께서 우리의 믿음을 굳게 하시는 것은 우리 마음에 이런 확증을 새김으로써 효력이 나타나게 하실 때이다.

12. 빵과 포도주는 하나님의 도구로서만 가치가 있다

성례는 우리의 믿음을 강화시키는 것이기 때문에
하나님께서는 성례로써 믿음을 영적으로 자라게 하신다.
우리는 성례 자체를 믿거나 하나님의 영광을 성례에 돌려서는 안된다. 오히려 믿음과 고백은 모든 것을 제쳐놓고 성례와 만물의 근원이신 분을 향해야 한다.

16. 그리스도에 대한 믿음 안에서 성례는 우리에게 의미가 있다

모든 성례의 본체 또는 실체는 그리스도라고 나는 주장한다. 성례는 오직 그리스도 안에서만 확실하며 그를 떠나서는 성례는 아무 것도 약속하지 않는다.
　우리가 성례의 도움을 받아 그리스도에 대한 진정한 지식을 배양, 강화, 증진시키며, 그를 더욱 완전히 소유하고 그의 풍부한 은혜를 즐기게 되는 것과 정비례해서 성례전이 우리들 사이에서 효과를 나타낸다. 그러나 그렇게 되려면 우리는 성례의 제시하는 것을 참 믿음으로 받아들여야 한다.

17. 성례의 진정한 기능
　성례는 하나님 말씀과 같은 기능, 즉 우리에게 그리스도를 제시하며 그의 안에서 하늘 은혜의 보고를 제시하는 기능을 가졌다는 것을 기정 원칙으로 생각해야 한다. 그러나 성례는 믿음으로 받지 않으면 아무것도 아니다.

18. 넓은 의미의 성례
　"sacrament"라는 말은 어떤 때에는 이것들을 자연물로 나타내시고 어떤 때에는 기적으로 나타내신다.
　이런 것들은 그들의 약한 믿음을 붙들어 주며 강화하시기 위해 되어진 것이므로 역시 성례전이다.

20. 구약의 성례들 안에 약속된 그리스도
　저 고대의 성례들은 현대의 성례들과 똑같은 목적을 위한 것이었다. 즉 사람들을 그리스도께로 향하게 하고, 그리스도께서 친절하게 인도하거나 또는 그리스도를 형상으로 나타내고, 그리스도를 사람들에게 알려주는 것이 그 목적이었다. 우리는 이미 성례가 하나님의 약속을 인치는 것이라고 가르쳤다.

고대의 성례들은 그리스도를 아직 기다리고 있었을 동안에 어렴풋이 그를 예시했고, 현재의 성례는 이미 오신 그리스도를 증거한다는 것이다.

23. 옛 성례와 새 성례

그러므로 고대 유대인들은 무엇이든지 오늘날 성례에서 우리에게 보이는 것을 그들의 성례에서 받았다. 즉 그리스도와 그의 풍성한 은혜를 받은 것이다.

즉 성례전은 그들에 대한 하나님의 기쁘신 뜻을 보증하는 인(印)이었으며 영원한 구원을 바라보는 것이었다.

24. 할례의 가치에 대한 바울의 가르침

고대인들을 위해서 할례가 한 일을 지금은 세례가 그리스도인들을 위해서 하고 있으므로 그리스도인들에게 할례를 요구하는 것을 곧 세례에 대한 부당한 처사가 된다고 하는 것을 의미한다.

제 15 장
세례

1. 세례의 의미

우리가 그리스도에게 접붙임을 받아 하나님의 자녀로 인정되기 위해서 교회라는 공동체에 들어가는 입문의 표징으로 세례라고 한다. 세례는 하나님께서 주신 것이며, 그 목적은 첫째, 하나님 앞에서 우리의 믿음에 도움이 되고 둘째, 사람들 앞에서 우리의 고백에 도움이 되게 하려는 것이다.

세례는 우리의 모든 죄가 도말되고 용서되고 소멸되어, 하나님 앞에 나타나거나 기억되거나 그 때문에 우리가 고발되는 일이 결코 없으리라는 것을 우리에게 확인하는 인을 친 문서와 같다고 하겠다. 믿는 자는 모두 세례를 받고 죄사함을 받는 것이 하나님의 뜻이기 때문이다(아 28:19; 행 2:38).

2. 세례의 효력은 말씀 없이 물에 있는 것이 아니다

바울이 말하려는 것은 물이 우리를 깨끗하게 씻으며 구원한다거나 술 자체에 깨끗하게 하고 중생하게 하며 새롭게 하는 힘이 있거나 여기에 구원의 근거가 있다는 것이 아니라, 다만 이 성례전에서 이런 은혜에 대한 지식과 확신을 얻는다는 것이다.

실로 세례가 우리에게 약속하는 것은 바로 그리스도의 피뿌림을 통해 얻는 정결이다. 여기서 깨끗케 하고 씻어낸다는 점에서 비슷하기 때문에 피를 물로 대신한 것이다.

3. 일평생 깨끗함을 받는다는 증표

언제 세례를 받든지 간에, 우리는 일평생 씻음을 받아 깨끗하게 되었다는 것을 알아야 한다. 그러므로 우리는 넘어질 때마다 세례받은 것을 기억하고 마음을 굳게 하여 사죄에 대한 확신을 항상 가져야 한다. 세례는 한 번만 받는 것이며 지나간 것같이 생각되지만, 그 후에 지은 죄로 인하여 효력이 소멸되지 않는다.

5. 세례는 그리스도 안에서 죽고 새로워진다는 증표이다

세례를 통해서 그리스도께서는 우리를 그의 죽음에 동참하게
하셔서 우리를 그 죽음에 접붙이려 하신다는 것이다(롬 6:5, 불가
타역 참조).

6. 세례는 우리가 그리스도와 연합되었다는 증표이다

우리의 마음이 세례에서 받아들이는 이득은 우리가 그리스도의
죽음과 생명에 접붙임 바 될 뿐 아니라 그리스도 자신과 밀접하
게 연합되어 그의 모든 축복에 참여하는 자가 된다는 확실한 증
거이다.

우리는 우리의 정결과 중생을 위해서 아버지에게서는 원인을,
아들에게서는 질료(質料)를, 그리고 성령에게서는 효력을 얻고 말
하자면 분명하게 그것을 분별한다.

10. 로마교회의 오류

세례를 통해 우리가 원죄에서 벗어나 원죄가 우리에게서 없어
지게 되고 아담으로부터 모든 후손에게 유전된 부패를 면하게 되
며, 아담이 창조된 대로 바르게 살았다면 간직할 수 있었을 그
의롭고 순결한 본성을 우리는 세례에 의해서 회복한다고 가르친
다.

이것은 분명히 잘못된 교훈이다.

원죄란 우리의 본성이 타락하고 부패한 것을 가르키며, 그 부
패로 인해서 우리는 먼저 하나님의 진노아래 놓이게 되고, 다음
에 성경에서 "육체의 일"(갈 5:19)이라고 부른 것이 생기게 된다.

14. 표징과 실체

세례는 우리의 믿음을 일으키고 자라게 하며 강화하기 위해서 주시는 것이므로 제정하신 분의 손에서 직접 받는 것같이 받아야 한다.

참으로 우리와 연합하시어 우리가 그리스도로 옷입고 우리가 하나님의 자녀로 인정받게 하시는 이도 주님이시다.

또 주께서는 우리의 눈에 단순한 외형만을 보이게 하시는 것이 아니라 우리를 현존하는 실재에로 인도하시며 외형이 상징하는 것을 효과적으로 실행하신다.

16. 세례는 집례하는 사람의 공로에 달린 것이 아니다

편지가 전해질 때 필적과 설명만 충분히 인정되면 전한 사람이 누구든지 또는 어떤 종류의 인간이든 그것은 문제가 되지 않는다. 그와 같이 성례에서도 전하는 사람이 누구이든지 간에 우리 주의 필적과 인을 인정할 수만 있으면 우리는 충분하다고 생각해야 한다.

우리는 사람의 이름으로 세례를 받는 것이 아니라 아버지와 아들과 성령의 이름으로 받았으며(마 28:19) 누가 집례하든지 세례는 사람에게서 오는 것이 아니라 하나님에게서 온다는 것을 생각한다면 이 사람들의 미련한 생각에 대항할 강력한 이론적 무기를 갖게 되는 것이다.

19. 그릇된 세례식의 올바른 세례식

세례받는 사람을 물에 완전히 잠그느냐, 세 번 잠그느냐, 한 번만 잠그느냐 또는 물을 뿌리기만 하느냐 하는 이런 세세한 점은 중요한 것이 아니다. 나라에 따라 교회가 자유롭게 선택하도록 하는 것이 옳다. 그러나 "세례를 주다(baptize)라는 말은 잠근다는 뜻이며 고대 교회에서는 물에 잠그는 의식이 행해졌음이 분명하다.

제 16 권
유아세례는 그리스도께서 세우신 제도 및 표징의 본질과 가장 잘 부합된다.

5. 유아들도 언약에 참여한다
여호와께서는 조그마한 유아들에게 행하는 할례가 언약의 약속을 확인하는 인을 의미한다고 분명히 선언하신다.

표징의 의미하는 것에 유아들이 참여한다면, 그 표징에서 그들을 제외시킬 이유는 무엇인가?

분명히 우리는 표징이 말씀에 봉사한다는 것을 알기 때문에, 표징은 말씀 아래 있으며 말씀보다 하위에 둘 것이라고 말할 것이다. 그러므로 "세례"라는 말이 아들에게 해당되는데 말씀의 부속물인 표징을 거부할 까닭이 무엇인가?

12. 영적 유아들
하나님의 영적 복이 아브라함의 혈통을 이은 후손에게 약속된 일이 전혀 없다고 하는 그들의 말은 중대한 오류이다.

여호와께서는 아브라함에게 후손이 있을 것이라고 약속하시며 그 후손으로 인하여 땅의 모든 존속이 복을 받으리라고 약속하신다(창 12:3).

그리스도를 이 복의 근원으로 믿음에 의해 받아들이는 사람은 모두 이 약속의 후사가 되며 따라서 아브라함의 자녀라고 불리게 되는 것이다.

17. 어린이들도 그리스도 안에서 중생해야 한다
우리의 반대론자들은 어린이들이 적합한 연령이 될 때까지는 단순히 아담의 후손으로 인정되어야 한다고 결론짓는다.

그러나 구원을 받을 유아들을 확실히 구원을 받으므로 주께서 먼저 중생시키신다는 것은 의심의 여지가 없다.

20. 유아의 구원
유아들은 장래의 회개와 믿음을 위해서 세례를 받으며, 아직은 회개와 믿음이 그들 안에 생기지 않았지만 성령의 신비한 역사에 의해서 그 씨가 그들 안에 숨어 있다고 할 수 있다.

24. 하나님의 자녀인 유아들은 언약의 자녀이다
그리스도인들에게서 난 유아들은 직접 언약의 상속자로 태어났으며 하나님께 받아들여졌으므로 그들에게 세례를 주어야 한다.

32. 우리 자녀들을 돌보시는 하나님께 대한 감사
경건한 사람들로서는 하늘 아버지께서 자기들에게 큰 은혜를 주셔서 자기들의 자녀까지도 돌보아 주신다는 것을 말씀으로 들을 뿐만 아니라 눈으로 보고 확신할 수 있다는 것이 얼마나 기쁜

일인가?

우리는 우리의 유아들을 하나님께 드려야 한다. 하나님께서는 유아들에게 자기의 가족과 권속 즉 교회의 일원으로서의 지위를 주시기 때문이다.

제 17 장
그리스도의 성만찬, 그것이 우리에게 주는 유익

1. 표징과 본체

그리스도께서는 자신이 생명을 주신 떡, 다시 말해 우리의 영혼이 그것을 먹음으로써 진정하고 복된 영생에 이르는 떡임을 확증하신다(요 5:51).

우리 영혼의 유일한 양식은 그리스도시다. 그러므로 하늘 아버지께서는 우리를 그리스도에게로 초대하시고 우리가 그에게 참여함으로써 힘을 회복하게 하신다. 이는 우리가 하늘 영생에 도달할 때까지 몇 번이고 기운을 얻게 하시기 위함이다.

즉 떡과 포도주가 육신의 생명을 유지하는 것과 같이 영혼은 그리스도에게서 양식을 받는다.

곧 주의 몸이 우리를 위해 유일회적으로 희생되신 것은 우리로 하여금 그 몸을 지금 먹도록 하고 또 먹음으로써 그 유일무이한 희생의 역사를 우리 안에서 느끼도록 하기 위한 것이며, 그리고 주님의 피는 우리의 영원한 음료가 되도록 우리를 위해 유일회적으로 흘려졌다는 사실을 우리에게 확인시키려는 것이다.

2. 성찬의 특별한 결실은 그리스도와의 연합이다

경건한 사람들이라면, 이 성례로부터 큰 확신과 기쁨을 얻을 수 있다. 거기에서 그들은 그리스도와 한 몸이 되어 그의 것은 무엇이든지 그들의 것이라고 할 수 있다는 증거를 얻는다. 그 결과, 우리는 그가 상속하신 영생이 우리의 것임을 감히 확신할 수 있다.

이것은 그리스도의 무한하신 인애로 말미암아 우리와 행하신 놀라운 교환이다. 즉, 우리와 함께 사람의 아들 곧 인자가 되심으로써 우리가 그와 함께 하나님의 아들들이 되게 하셨고, 땅에 내려오심으로써 우리에게 하늘로 올라가는 길을 예비해 주셨고, 우리의 죽음을 취하심으로써 우리에게 그의 영생을 주셨고, 우리의 약함을 받으심으로써 그의 능력으로 강하게 하셨고, 우리의 가난을 자신의 것으로 삼으심으로써 우리에게 그의 풍요함을 주셨고, 우리의 가난을 자신의 것으로 삼으심으로써 우리에게 그의 풍요함을 주셨고, 무거운 우리의 죄과를 짊어지심으로써 우리에게는 그의 의를 옷입혀 주셨다.

3. 그리스도의 영적 임재

우리는 여기 현존하시는 그리스도께서 친히 우리 눈앞에 계시며 우리 손으로 만지는 것같이 그것들을 생각해야 한다.

우리는 성례에서 보는 물질적인 것으로부터 일종의 유추에 의해 영적인 것에로 인도된다. 그리스도의 몸을 상징하는 떡을 받을 때 우리는 떡이 우리 육신의 생명에 영양을 공급해 주고 유지하는 것과 같이 그리스도의 몸은 우리의 영혼에 힘과 생명을 주는 유일한 양식이라는 비교점을 즉각 깨달아야 한다.

5. 어떻게 믿음으로 참예자가 되는가?

성찬에서 그리스도는 그 자신과 아울러 그의 모든 복을 우리에게 주시고 우리는 믿음으로 그를 받는다.

우리의 구원을 위해 그의 몸이 죽음을 당하도록 되어 있었기 때문이었다. 또한 그 말은 그의 몸을 우리에게 주어 먹게 하시어 우리로 하여금 믿음으로 그에게 참여하는 자가 되게 하신다는 뜻이다.

10. 성찬에는 그리스도의 몸이 임재한다

떡과 포도주가 육체의 생명을 유지하는 것과 같이 우리의 영혼을 그리스도의 살과 피를 양식으로 삼는다.

그리스도께서 참으로 우리와 하나가 되고, 우리가 그의 살을 먹으며 그의 피를 마심으로써 기운을 얻을 때에 만 일어날 수 있다.

우리와 그토록 멀리 떨어져 있는 그리스도의 살이 우리 속에 들어와서 우리의 양식이 된다는 것은 믿을 수 없는 일처럼 보이지만 성령께서 공간적으로 서로 떨어져 있는 것을 참으로 결합하신다는 것을 우리의 지성으로 이해하지 못한다는 사실이 우리로 하여금 믿음으로 생각게 만든다.

11. 성례의 의미와 본체와 효과

나는 죽었다가 부활하신 그리스도를 본체 또는 실체라고 한다. 효과란 구속, 칭의, 성화, 영생 그리고 그리스도께서 주시는 그

외의 다른 모든 유익들을 가리킨다.

약속이 그리스도를 제시하는 것은 우리로 하여금 외형과 단순한 지식에서 머물라는 것이 아니라 진정으로 그에게 참여하라는 것이다.

그런 유익들은 그리스도께서 먼저 자신을 우리의 것으로 만드시지 않으면 우리에게 오지 않을 것이기 때문이다.

신비의 성찬에서 그의 몸과 피를 통해 참으로 우리에게 제시된다. 첫째는 우리가 그와 한 몸이 되게 하기 위한 것이며, 둘째는 그의 본체에 참여하게 된 우리가 그의 모든 유익에 참여함으로써 또한 그의 능력을 느끼게 하시려는 것이다.

12. 그리스도의 몸은 공간적으로 임재하는가

사탄은 신자들의 마음을 하늘로부터 멀어지게 하고, 그리스도가 떡이라는 성찬 물에 고착되신 것같이 상상하는 사악한 오류를 그들에게 주입하기 위해 놀라우리만치 교묘한 장난을 했다.

그리스도의 몸은 모든 인간의 몸에 공통된 일반 특성들에 의해 제한되고 그리스도께서 심판자로서 돌아오실 때까지(행 3:21)(단번에 들어간) 하늘에 머물러 있다는 것을 우리는 의심하지 않기 때문에, 그리스도의 몸을 다시 썩을 성찬물 아래에로 끌어 내린다거나 그 몸이 어디든지 있다고 생각하는 것은 완전히 불법이라고 우리는 생각한다.

15. 화체설의 근거와 논증

그들이 먼저 (떡 속에 쌓여) 오류에 미혹되지만 않았더라면, 그들은 사탄의 간계에 결코 속지는 않았을 것이다.

그뿐 아니라, (내가 자주 반복하는 것과 같이) 하나님의 계획은 적당한 방법으로 우리를 자신에게까지 들어 올리시려는 것이므로, 우리를 그리스도, 그러나 떡 밑에 보이지 않게 숨어 있는 그리스도에게 오라고 하는 사람들은 사악하게도 완고한 생각으로 하나님의 계획을 좌절시키려고 하는 것이다.

16. 반대론

다른 사람들은 그 밑에 그리스도의 몸이 감추어져 있다고 주장한다.

그러나 그들은 그리스도께서 내려오심으로써 우리를 자신에게로 들어 올리는 방법을 이해하지 못한다.

18. 우리의 마음이 하늘에까지 올리워질 때 임재를 인식한다

만일 그들이 주의 몸과 피를 떡과 포도주에 고착시키기를 원한다면, 주의 몸과 피는 필연적으로 서로 떨어질 것이다. 왜냐하면, 떡이 잔과 따로 제시되므로 떡과 결합한 몸은 잔 속의 피와 당연히 분리될 것이기 때문이다.

그러나 만일 우리가 눈과 마음을 가진 채 하늘로 들려 올라가서 그리스도 나라의 영광 속에서 그를 찾는다면 상징들이 온전하신 그에게로 우리를 초대하는 것과 같이 우리는 떡이라는 상징의 이름으로 그의 몸을 먹게 되고 포도주라는 상징의 이름으로 그의 피를 따로 마시게 되어 결국에는 그를 완전히 즐길 수 있을 것이다.

요약하면 그의 몸으로 그의 백성을 먹이시며, 그의 성령의 능력으로 그들이 그의 몸에 참여하게 하신다. 그리스도의 몸과 피는 성찬을 통해 이렇게 우리에게 제시된다.

24. 하늘에 계신 그리스도와 성찬

우리는 그리스도께서 그의 실제 살과 피로 우리 영혼을 살리시려고 외적 상징과 그의 영으로 우리에게 내려오신다고 말한다.

영혼이 그리스도의 살에서 영양을 얻도록 하기 위해 하늘과 땅 사이에 무한한 공간에 의해 분리되고 그 엄청난 거리에도 불구하고 멀리 떨어져 있는 것들이 서로 연결될 뿐만 아니라 하나가 된다는 것처럼 믿기 어려운 일도 없다.

26. 그리스도의 몸은 하늘에 계시다

부활하신 때부터 그리스도의 몸은 유한하며 '마지막 날'까지 하늘에 있다는 것은(참조, 행 3:21) 아리스토텔레스가 아니라 성령께서 가르치신다.

참으로 성령의 강림과 그리스도의 승천은 반대 현상이다. 따라서 그리스도께서는 그의 영을 보내시는 것과 같은 방법으로 육으로 우리와 함께 계실 수 없다.

나는 그의 몸과 살에 참여하는 놀라운 일을 은혜에 포함시킨다. 우리가 이 참여는 성령의 권능에 의해서 생기는 것이지 그 몸을 물질적 요소 밑에 가상적으로 포함시킴으로써 생기는 것이 아니라고 생각한다면 그렇다.

30. 그리스도의 몸의 편재성 주장에 대한 거부

그리스도의 몸은 인간의 몸이 갖는 일정한 부피에 의해 제한되어 있었다. 또 하늘로 올라가심으로써, 그는 모든 곳에 계시는 것이 아니라 한 곳으로 옮기실 때에는 전에 계시던 곳을 떠나신 다는 것을 밝히셨다.

그리스도 전체는 어디든지 계시지만 그리스도 안에 있는 것 전체가 어디에나 있는 것이 아니다.

따라서, 그리스도 전체는 어디든지 계시므로 우리의 중보자는 항상 그의 백성들과 함께 계시며, 성찬에서는 특별한 방법으로, 즉 그리스도 전체가 계시지만, 그의 안에 있는 전체가 계시는 것은 아닌 방법으로 자신을 나타내신다. 이미 말한 바와 같이 심판 때 나타나실 때까지 그리스도는 육신으로 하늘에 계시기 때문이다.

31. 그리스도를 우리에게로 끌어내리는 것이 아니라 우리가 그에게로 들려 올리워진다

문제는 임재의 방법뿐이다. 그들은 그리스도를 떡 속에 두는 반면에 우리는 그리스도를 우리에게 끌어내리는 것은 옳은 일이 아니라고 생각한다. 어느 편이 바른지는 독자들이 결정하라.

33. 그리스도께 참여하는 것은 영적이며 실제적이다.

어떻게 참여하게 되는가 하는 것이 우리가 알아야 할 가장 중요한 문제였다. 그렇게 참여하는 것이 십자가에 달리신 그리스도를 전적으로 소유하며 그의 모든 유익을 우리도 즐기게 되는 것이기 때문이다.

성령의 비밀한 권능이 우리와 그리스도를 결합하는 띠이기 때문에 우리의 먹는 법은 영적이다.

우리는 그리스도의 살을 먹음으로써 신자가 받는 유익이나 효과만을 말한다고 하는 그들의 반박도 또한 옳지 않다. 우리가 전에 말한 것과 같이 그리스도 자신이 성찬의 본체이시기 때문이다.

그러나 성찬의 신비에서 그리스도의 살 자체는 우리의 영원한 구원과 마찬가지로 영적인 것이다.

성찬은 우리가 그리스도의 몸에 접붙임을 받거나 또는 그리스도의 몸에 접붙임을 받은 후에 더욱 더 그와 함께 자라 마침내 그가 하늘 생명으로 우리를 그와 완전히 결합시키는데 도움이 된다고 우리가 주장한다면 이는 성찬의 존귀함을 더할 나위 없이 훌륭하게 칭송하는 것이다.

36. 미신적이며 우상숭배적인 성찬물 경배

경건한 사람이 성찬에서 그리스도를 올바르게 이해하려면 하늘로 들리워져야 한다. 약할 수 밖에 없는 사람의 마음을 도와 더 없이 신비로운 영적 신비들을 볼 수 있도록 높이 올라가게 하는 것이 성찬의 일이다. 외적인 표징에서 그치는 사람들은 그리스도를 찾는 바른 길에서 벗어난 것이다.

같은 이유로 옛날에는 성별하기 전에 회중을 향해 큰 소리로 마음을 높이 들어 올리라고 권고하는 것이 관례였다. 성경은 그리스도의 승천을 신중하고도 상세하게 보도한다. 그리스도께서는 승천하심으로써 그의 몸의 임재를 우리가 보지 못하고 따라다니지 못하게 거두어 가셨고, 그에 대한 우리의 육적인 사고 방법을 일소하셨다.

그뿐 아니라 성경이 그리스도를 회상할 때에는 반드시 우리 마음을 높이 들어 하늘에서 아버지의 오른편에 앉아 계신 그를 찾으라고 한다(골 3:1-2). 이 원칙에 따라, 우리는 우둔하고 육적인 하나님 개념으로 가득한 위험한 예배방식을 고안해 낼 것이 아니라 도리어 하늘 영광 가운데 계신 그리스도를 영적으로 예배해야 한다.

39. 말씀이 없으면 성찬은 있을 수 없다

이것은 내가 다른 데서 말씀이 없으면 성찬은 바르게 집행될 수 없다고 한 말을 강력하게 지지한다. 우리가 성찬에서 어떤 유익을 얻든지 이를 위해서는 말씀이 필요하기 때문이다. 우리의 믿음을 강화하거나 고백을 연습하거나 의무에 대한 열의를 일으키기 위해서는 설교가 필요하다. 그러므로 교황 독재하에 일어나는 것같이 성찬을 침묵의 행동으로 만드는 것은 성찬에서 더없이 어리석은 일이다.

제 18 장
카톨릭의 미사: 성찬을 더럽히며 말살하는 신성 모독

1. 로마 교회의 교리

마귀가 극악한 오류, 곧 미사는 죄 용서를 얻기 위한 제물과 예물이라는 신념으로 거의 전세계의 눈을 멀게 할 때에 이 일이 일어난다.

그 행위 자체가 산 자와 죽은 자의 속죄를 위해 하나님께 보속하는 일종의 유화 수단으로 날조되었다.

아무리 찬란하게 꾸며져 있다 할지라도 미사는 그리스도에게 큰 모욕을 가하고, 그의 십자가를 매장하고 은폐하며, 그의 죽으심을 사람들이 잊어버리게 만들고, 그 죽으심이 우리에게 주는 은혜를 빼앗으며, 그리스도의 죽으심에 대한 기억을 우리에게 전하는 성찬을 약화시키며 소멸시킨다.

3. 그리스도의 수난을 은폐하는 미사

그리스도께서 우리를 영원히 성결하게 하시고 우리를 위해서 희생 제물로 바치셨다면(히 9:12) 이 희생의 힘과 효력이 무한히 계속된다는 것은 의심할 여지가 없다.

우리는 십자가상에서 행하신 그리스도의 희생이 영원히 깨끗하게 하는 능력이 없다고 고백하든지 아니면 그리스도께서 유일회적으로 행하신 희생은 모든 시대를 위한 것이라고 고백해야 할 것이다.

사도가 말하는 것은 이 대제사장 그리스도께서는 "이제 자기를 단번에 제사로 드려 죄를 없게 하시려고 세상 끝에 나타나셨느니라"(히 9:26)는 바로 이것이다.

이 희생은 유일회적으로 행해졌고 그 능력은 영원히 계속된다고 하나님의 거룩한 말씀이 단언할 뿐만 아니라 높이 외치며 강력하게 주장하는 데도, 다른 희생을 요구한다면 그들은 그리스도의 희생을 불완전하며 무력하다고 비난하는 것이 아닌가?

제 19 장

다른 다섯 가지 의식들도 이제까지 성례로 간주하는 것이 일

반적이었지만 그것들이 성례라고 하는 것은 거짓이다. 그것이 거짓인 이유와 그것들에 대한 진상 규명

1. 단순히 성례 또는 성사라는 말의 문제가 아니다

나는 그리스도인들이 말(言語)과 만물의 주인이며 따라서 마음대로 사물에 말을 적용할 수 있다는 것을 안다. 경건한 태도만 유지된다면 다소 부정확한 말을 쓰더라도 용인 할 수 있다. 나는 사물을 말에 종속시키는 것보다 말을 사물에 종속시키는 것이 더 좋다고 하더라도 이 모든 점을 인정한다. 그러나 성사란 말은 문제가 다르다.

2. 하나님만이 성례를 제정하실 수 있다

그러면 우리는 용어에 대해서 싸우는 것이 아니라 문제 자체에 대해서 필요한 논쟁을 일으키고 있다는 것을 알 수 있다. 따라서 우리는 위에서 무적의 논리로 확인한 것 즉 성례 제정권은 하나님에게만 있다는 것을 강경하게 주장해야 한다.

어거스틴의 적절한 말과 같이 성례가 되기 위해서는 하나님의 말씀이 앞서야 한다.

* 견진례는 성례가 아니다; 교육 후의 입교라는 현대 교회의 관례가 회복되어야 한다, 4-13

4. 고대 교회의 관습

고대에는 그리스도인의 자녀들이 장성하면 감독 앞에 서서 성

인으로 세례를 받는 자들에게 요구되는 의무를 행하는 것이 관습이었다. 이들은 믿음의 신비를 올바르게 배워 감독과 회중 앞에서 자기의 믿음을 고백할 수 있을 때까지 학습교인으로 있었다. 유아 세례를 받은 청년들은, 아직 교회 앞에서 신앙고백을 하지 않았으므로 소년기 말이나 청년기 초에 부모가 다시 한 번 감독 앞에 데려다가 당시에 사용된 일정한 교리 문답 형식에 따라 심사를 받았다. 이 행위 자체가 중요하고 거룩한 일이었지만, 그것에 경외와 위엄을 더하기 위해 안수식이 첨가되었다. 이와 같이 일단 믿음을 인정받은 청년들은 엄숙한 축복을 받고 물러갔다.

그러므로 나는 일종의 축복 형식에 불과하다는 이 안수례에 충심으로 찬성하며 지금 그 순수한 사용법이 회복되기를 바란다.

5. 견진의 의미와 완성에 대한 카톨릭의 가르침

그러나 후대인들은 실체를 거의 말살하고 일종의 가장된 견진을 하나님의 성사라고 부르게 되었다.

그들은 세례시 무죄를 위해 이미 받은 성령을 다시금 은혜를 더하기 위해 수여하고 세례를 통해 중생하여 생명을 이미 얻은 사람들에게 싸움을 위해 굳게 하는 능력이 견진례에 있다고 주장해 왔다.

그러므로 견진례가 사람에게서 온 것이라면 그것은 하찮고 헛되다는 것이 증명된다. 만일 우리의 논적들이 그것이 하늘에서 왔다는 것을 우리에게 설복시키려면 그 사실을 증명해야 한다.

6. 사도의 안수에 대한 호소는 근거가 없음

나는 이 안수에 어떤 깊은 신비가 있다고 생각하지 않는다.

안수는 사도들이 안수 받는 사람을 하나님께 천거 즉, 바친다는 것을 그런 동작을 통해 나타내려고 이용한 의식이었다는 것이 나의 해석이다.

주께서 기적을 그치셨을 때 그는 교회를 완전히 버리신 것이 아니라 하나님 나라의 위대함과 하나님 말씀의 존귀성이 이미 충분히 드러났다고 선언하셨다.

12. 견진례는 고대 교회의 관례에서 지지 받을 수 없다

성례는 땅에서 나는 것이 아니라 하늘에서 오는 것이며 사람이 정하는 것이 아니라 하나님만이 정하신다. 견진례가 성례로 인정되기를 원한다면, 그들은 그것을 하나님께서 제정하셨다는 것을 증명해야 한다.

고대 저술가들이 성례에 대해 정확하게 논하고자 할 때 어디에서도 두 가지 성례밖에 인정하지 않는데, 견진례가 성례로 인정되기를 원한다면 그들은 그것을 하나님께서 제정하셨다는 것을 증명해야 한다.

고대 저술가들이 성례에 대해 정확하게 논하고자 할 때 어디에서도 두 가지 성례밖에 인정하지 않는데 견진례가 고대에 있었다고 어떻게 주장하는가?

13. 진정한 견진

오직 어린이들이나 청년기에 가까운 사람들이 교회 앞에서 신앙을 고백하게 하는 교육 방법으로서 그것을 보존하자는 것이다. 최선의 교육 방법은 이 일을 위해 지도서(지도서)를 준비하는 것이며, 거기에는 모든 기독교회가 이의 없이 찬성하는 대부분의 신조를 간단하게 요약해서 포함시켜야 한다. 열 살이 되면 어린이는 교회 앞에 서서 신앙을 고백하며 신조마다 질문에 대답하도록 한다.

* 성례의 정의에 어긋나는 견해

14. 고대 교회에서의 참회

그들은 고대 교회의 의식을 구실로 삼아서 그들의 허구를 입증하려고 하므로 우선 그 고대 의식에 대해 간단히 말하겠다. 고대 교인들이 공식적으로 회개하며 지킨 이 의식은 정해진 보속(보속)을 이행한 사람들에게 엄숙히 안수함으로 그들을 화해시키는 것이다. 안수식은 죄용서의 표징이었고, 이 표징에 의해 죄인 자신은 용서를 받았다는 확신으로 하나님 앞에서 세움을 받고, 교회는 그의 죄에 대한 기억을 말소하고 친절하게 그를 받아들이라는 권고를 받았다.

시대가 지남에 따라, 이것은 공식적인 참회 외에 사적인 사면에도 이 의식을 사용할 정도로 타락하였다.

15. 고해는 성례가 아니다

그들은 다음과 같이 말한다. 외적인 고해는 성례이며, 그렇다면 그것은 내면적인 회개, 바꿔 말하면 통회의 표징일 것이고, 따라서 통회가 이 성례의 본체일 것이다.

우리가 위에서 제시한 성례의 정의를 염두에 두고 그것을 표준으로 하여 가톨릭 교회가 말하는 성례를 검토한다면, 그것은 우리의 믿음을 강화시키기 위해 주님께서 제정하신 외적인 의식이 아니란 것을 알 수 있을 것이다.

소위 "고해성사"에서 이와 유사한 무엇을 보며 다른 사람들에게 그것을 보여 줄 수 있는가?

18. 종부성사에 관한 성구라고 하는 주장 거부

그들은 종부성사에 두 가지 힘 즉 죄를 용서하며, 질병에서 낫게 하는 것이 유리하면 병을 낫게 하고 그렇지 않으면 영혼을 구원하는 능력이 있다고 한다.

그들은 야고보가 이 성례를 제정했다고 한다. 야고보에 말에 의하면 "너희 중에 병든 자가 있느냐 장로들을 청할 것이요 그들은…… 사하심을 얻으리라(약 5:14-15)" 하였다.

치유의 은사는 다른 기적들과 같이 주께서 한동안 나타내기를 원하셨지만, 그 치유의 은사는 새로운 복음 선포가 영원히 놀라운 일이 되도록 하기 위해 사라졌다. 그러므로 나는 도유가 그 때 사도들에 의해 직접 행해진 그 권능들을 나타내는 하나의 성례였다는 것을 전적으로 인정하지만, 지금 도유는 우리와 아무 상관도 없다. 우리에게 이런 권능을 행하는 것이 허락되지 않았기 때문이다.

19. 종부성사는 성례가 아니다

그들은 성경에 언급된 다른 상징들을 제쳐두고 유달리 도유를 성례로 만들었는데 그 이유는 무엇인가?

왜 침과 먼지를 성물로 만들지 않는가?

물론 주께서는 어느 시대든지 그의 백성과 함께 계셔서 옛날과 같이 필요할 때마다 그들의 약함을 고쳐 주신다.

제 20 장
국가통치

1. 영적 통치와 국가 통치의 차이

우리는 인간이 이중의 통치하에 있다는 것을 입증했고, 영혼 즉 속 사람에 대한 그리고 영생에 관련된 통치에 대해서는 다른 곳에서 충분히 논했으므로 여기서는 다른 종류의 통치, 즉 시민 생활에서의 정의와 외적 도덕성을 확립하는 것에 관련된 통치에 대해서 논하겠다.

육신과 영혼을 구별할 줄 알고 덧없는 현세와 영원한 내세를 구별할 줄 아는 사람은 그리스도의 영적인 왕국과 세속적인 지배는 전혀 다르다는 것을 안다. 이 세상의 초보적인 제도에서 그리스도의 왕국을 찾으며 거기에 한정하려는 것은 유대적인 허망한 생각이다. 그러므로 우리는 성경이 영적 결실에 대해 분명히 가르치고 있고 이 영적 결실은 그리스도의 은혜에서 받게 된다는 것을 깊이 명심해야 한다. 그리고 그리스도 안에서 우리에게 약속되고 주어지는 자유는 전적으로 그 자체의 한계 내에 머물러야 한다는 것을 기억하도록 하자.

우리의 사회적 지위가 어떻든 또는 우리가 어느 나라 법 하에서 살든 그리스도의 나라는 이런 것에 있는 것이 아니므로 어떤 상태에 있어도 차이가 없다는 것이다.

2. 두 가지 "통치"는 서로 모순되지 않는다

영적 통치는 지상에 있는 우리 안에 하늘 나라를 이미 시작하게 만들며, 이 죽을 수 밖에 없는 덧없는 생명 속에서 영원히 썩지 않는 축복을 어느 정도 예상할 수 있게 한다. 그러나 국가 통치의 지정된 목적은, 우리가 사람들과 더불어 사는 동안 하나님께 대한 외적인 예배를 존중하고 보호하며, 건전한 교리와 교회를 보호하며, 우리의 생활을 인간 사회에 적응시키며, 우리의 행위를 사회 정의와 일치하도록 이끌며, 우리가 서로 화해하게 하여 전체적인 평화와 평온을 증진케 하는 것이다.

그러나 우리가 진정한 본향을 갈망하고 이 세상에서 나그네 생활을 하는 것이 하나님의 뜻이며 이 생활에는 이런 보조 수단들이 필요하다면, 사람에게서 이러한 것들을 빼앗는 사람들은 그에게서 인간성 자체를 빼앗는 것이라 할 수 있다.

3. 정부의 주요 임무

국가 정부는 사람들이 호흡하고 먹고 마시며 따뜻하도록 하는 이런 모든 활동을 포함한 생활 방도를 마련 할 뿐 아니라 그 이상의 일을 한다. 그것은 우상 숭배, 하나님의 이름에 대한 모독, 하나님의 진리에 대한 방해 그리고 그 밖에 종교에 관한 공공연한 방해가 사회에 발생하거나 연연하지 않도록 하고, 치안을 유지하며, 시민의 재산을 안전하고 건전하게 지켜서 인간 상호간의 온전한 관계를 가능하게 하며 정직과 겸양의 덕을 보존한다. 한 마디로, 그리스도인들이 거리낌없이 종교 생활을 할 수 있도록 하여 인간 사이에 인간성이 보존되도록 한다.

5. "그리스도인"들이 집권자들을 부인하거나 배척하면 안된다.

다윗이 모든 군왕들과 관원들은 하나님의 아들에게 입맞추라고 권했을 때(시 2:12), 그는 그들이 그 권위를 버리고 사생활로 돌아가라고 한 것이 아니라 그들이 받은 권력을 그리스도께 바쳐 그리스도만이 모든 사람 위에 군림하시게 하라고 한 것이다.

6. 집권자들은 하나님의 대리자로서 충성되어야 한다

하나님의 공의를 실현하는 일군으로 임명되었음을 아는 사람에게는 고결함과 슬기와 온유와 극기와 결백을 위해 큰 열성을 내야 한다는 요구가 스스로 생기지 않겠는가? 자기의 재판석이 살아 계신 하나님의 보좌라는 말을 들은 사람들이 어떻게 감히 불공정한 재판을 용인하겠는가? 하나님의 진리를 위한 도구로 지정된 줄 아는 입으로 어떻게 감히 불공평한 판결을 내리겠는가?

즉 주권자들이 자기는 하나님의 대리자라는 것을 생각한다면, 그들은 모든 관심과 열성과 근면을 다하여 사람들을 향해서 하나님의 섭리와 보호와 자비와 후의와 공의를 나타내도록 노력해야 한다.

8. 다양한 정부 형태

왕국이 전제국으로 타락하는 것은 쉽다. 그리고 가장 훌륭한 사람들의 정치가 소수인의 당파로 타락하는 것이 쉽다. 철학자들이 논하는 정부의 세 양태에 대해서 생각한다면, 나는 귀족 정치가 또는 귀족 정치와 민주정치를 결합한 제도가 다른 형태보다 훨씬 우월하다는 것을 부인하지 않겠다.

인간의 결함이나 실패 때문에, 여러 사람이 정권을 행사하는 편이 더욱 안전하고 보다 받아들일 만하다.

나는 자유가 적절하게 되도록 제한을 받고, 지속적인 기초 위에 바르게 세우는 정치 제도가 가장 좋다고 인정하며 이런 상태를 누리도록 허락된 사람들이 가장 행복하다고 생각한다.

9. 율법의 두 돌판에 대한 고려

우리는 세속 저술가들의 글에서도 배울 수 있을 것이다.

집권자의 직책과 입법과 공공 복지에 대해서 논한 사람은 반드시 종교의 하나님을 예배하는 일부터 논했기 때문이다. 그래서 경건을 제일의 관심사로 삼지 않으면 순조롭게 정부를 세울 수 없으며, 하나님의 권리를 무시하고 사람의 필요만을 채우는 법률은 앞뒤가 바뀐 것임을 모든 학자가 인정했다.

집권자들은 일반 시민의 무죄와 겸손과 예절과 평온의 보호자와 옹호자로 임명되었으며 사회 전체의 안전과 평화를 도모하기 위해서만 노력해야 한다는 것을 우리는 알 수 있다.

10. 집권자들의 권력 행사는 경건과 양립하는 것이다

집권자가 형벌을 행사하는 것은 자기의 마음대로 하는 것이 아니라 하나님의 심판을 실시하는 것임을 이해한다면 우리는 이 문제에 구애되지 않을 것이다. 주의 율법은 살인을 금한다. 그러나 살인자가 벌을 받지 않고 지나가지 않도록 입법자이신 하나님께서는 그의 사역자들에게 칼을 주어 모든 살인자를 치게 하신다.

11. 정부의 전쟁 수행권

자연스러운 공정성과 집권자의 본질로 보아서, 집권자들은 공정한 처벌로 개인들의 비행을 통제할 뿐만 아니라 그들이 맡아 지키는 영토가 적의 공격을 받을 때에 전쟁으로 방어하기 위해 무장해야 한다. 성령께서도 성경의 많은 증거를 통해서 이런 전쟁을 합법적이라고 선언하신다.

12. 전쟁에서의 자세와 인도적 정신

전쟁을 해야 될 이유는 옛날과 마찬가지로 지금도 존재하며 집권자들이 그의 피지배자들을 지키는 것을 막는 하등의 이유도 없다.

이 문제에 대한 명백한 언급을 사도들의 글에서 찾아서는 안 된다. 그들의 목적은 그리스도의 영적 왕국을 세우는 것이었지 국가를 조직하려는 것이 아니었다.

그리스도께서 오셨을 때 이 점에서는 아무 변화도 일으키지 않으셨다는 것이 거기에 나타나 있다.

받는 봉급으로 만족하라고 했으므로 무기를 지니는 것을 전혀 금지한 것이 아니다.

14. 구약성경의 율법과 각 국가의 법

국가에서 집권자 다음은 법률이다. 법률은 국가의 가장 튼튼한 힘줄이며 키케로는 플라톤의 견해를 따라 법률을 나라의 정신이라고 부른다. 법률 없이는 집권자가 존재할 수 없는 것은 마치 집권자가 없으면 법률에 힘이 없는 것과 같다. 따라서 법은 무언의 집권자요 집권자는 살아 있는 법이라고 하는 것은 가장 옳은 말이다.

모세에 의해서 공포된 하나님의 율법 전체는 일반적으로 도덕에 관한 율법의식에 관한 율법 및 재판에 관한 율법으로 구분된다는 것을 우리는 마음에 두어야 한다.

16. 법의 통일성과 다양성

　우리가 모든 법에서 다음 두 가지를 검토할 때에 내가 한 말이 명백해질 것이다. 그것은 곧 헌법과 그 헌법이 설 수 있는 근거가 되는 공정성이다.

　우리가 도덕적 법이라고 부른 하나님의 율법은 자연 법칙의 증언에 불과하며 또 하나님께서 인간의 마음에 새기신 양심의 증언에 불과하다는 것은 하나의 사실이다.

　우리가 지금 말하고 있는 공정성의 개요는 전적으로 하나님의 도덕적 법에 규정되어 있다. 그러므로 이 공정성만이 모든 법의 목표와 표준과 한계가 되어야 한다.

　그러나 그렇게 다양하면서도 모든 법이 같은 목적을 향하고 있는 것을 볼 수 있다. 모든 법이 하나 같이 하나님의 영원한 법이 살인과 도둑질과 간음과 위증에 대해 처벌한 것과 마찬가지로 그러한 범죄를 처벌한다.

18. 그리스도인이 소송하게 되는 동기

　원한을 품지 않은 채 자신을 변호하며 자기의 당연한 권리에 속하는 것만을 주장하고, 또 반대편의 원고도 신체와 재산에 부당한 폐해를 입었을 때, 법관의 보호를 청하며 고소 이유를 말하고 공정하고 선한 판결을 구한다면 양 편 모두 소송을 바르게 이용하는 것이 된다. 그는 해하려는 생각이나 복수하려는 욕망이나 가혹한 증오심이나 경쟁 욕심 등과 같은 모든 열망을 멀리해야 한다.

21. 바울은 소송을 좋아하는 성품은 비난하지만 모든 소송을 다 배척하지는 않는다

참으로 기독교 신자는 법정으로 가기보다는 언제든지 자기의 권리를 양보하겠다는 마음으로 행동해야 한다. 일단 법정에 가면 형제에 대한 미움으로 마음이 동요되지 않을 수가 없다.

22. 공경

집권자들에 대한 국민의 첫 번째 의무는 집권자들의 지위를 가장 존귀하게 생각하는 것이다. 집권자들의 지위는 하나님께서 그들에게 부여하신 지배권으로 인정해야 하며 따라서 그들을 하나님의 사자와 대표자로서 받들고 존경해야 한다.

국민이 집권자에게 복종할 때 그것은 하나님께 한 복종을 나타내는 것이다. 통치자들의 권력은 하나님으로부터 왔기 때문이다.

31. 국민의 자유를 수호하도록 헌법에 정한 사람들

만일 지금 왕들의 횡포를 제한할 목적으로 임명된 국민의 관리들이 있다면 (예컨대 고대 스파르타의 왕들에 대한 감독관, 로마 집정관들에 대한 호민관, 아테네의 원로원에 대한 지방장관, 그리고 현재 각국 국회가 중요 회의를 열 때에 행사하는 권한 같은 것) 나는 그들이 왕들의 사나운 박봉에 대하여 그들의 의무대로 항거하는 것을 금하지 않으며, 오히려 그들이 미천한 일반 대중에 대한 군주들의 폭정을 눈감아 준다면 나는 그들의 이 위선이 극악한 배신 행위라고 선포할 것이다.

32. 인간에 대한 복종이 하나님께 대한 불순종이 되어서는 안된

다.

　주께서는 왕들의 왕이시며, 그분이 입을 여실 때는, 어떤 다른 사람의 말보다도 오직 그분의 말씀을 먼저 들어야 한다. 그리고 나서 우리들 위에 권세를 가진 사람들에게 순종해야 한다. 그러나 주안에서만 그들에게 순종해야 한다. 만일 그들의 명령이 하나님과 반대되는 것이라면 그 명령을 존중하지 말라. 이럴 때에는 집권자들이 가진 위엄에 조금도 관심을 가질 필요가 없다. 그들이 진정으로 최상인 하나님의 권력 앞에 굴복한다고 해도 그들의 위엄은 조금도 상하지 않는다.

　하늘의 사자인 베드로는 "사람보다 하나님을 순종하는 것이 마땅하니라"(행 5:29)는 칙령을 선포했으므로 우리는 경건을 포기하기보다는 차라리 고통을 받는 편이 주께서 요구하시는 순종을 실천하라는 것이라는 생각으로 위안을 받도록 하자.

　그리스도께서 우리의 구원을 위해서 값비싼 대가를 지불하고 우리를 구원하셨으므로 우리는 사람들의 악한 욕망의 종이 되어서는 안되며, 마찬가지로 그들의 불경건한 명령에 복종해서는 안된다는 것이다(고전 7:23).

하나님을 찬양하라

■ 편저자 약력 ■

박해경
아세아 연합신학대학교 대학원 졸업(Th.D.)
현재, 아세아 연합신학대학교 대학원 교수(조직신학)

판 권
소 유

칼빈의 기독교강요 요약

1998. 3. 5. 초판 펴냄
2009. 3. 5. 6판 펴냄

원저 John Calvin
편저자 박해경
발행인 김영무

발행처 : 도서출판 아가페문화사
156-094 서울 동작구 사당4동 254-9
전화 3472-7252, 3 팩스 523-7254
등록 제3-133호(1987. 12. 11)

보급처 : 아가페문화사
156-094 서울 동작구 사당4동 254-9
전화 3472-7252, 3 팩스 523-7254
온라인 우체국 011791-02-004204 (김영무)

값 10,000원

ISBN 978-89-8424-030-3 03230